乾偉 典藏

二〇〇一年七月六日

2001年六月一日
海軍 典藏

異部宗輪論導讀

本書主要論述佛陀涅槃後的五百年間，
印度佛教的分派情形，
以及各派的不同教義，
並指出各派的主要思想源流與發展，
為研究部派佛學不可或缺的珍貴題材。

導讀者 高永霄

2

佛家經論導讀叢書

目錄

第二篇・釋正文（附異議《部執異論》）……053

附錄……139

卷首語

近年捐資印贈佛經的人多，而能讀佛家經論的人卻少。近年演繹佛學的著作譯作亦多，只是能引導讀者有系統地讀經論的叢書則未見。爲此，同人等發願，精選佛家經論若干種，編成叢書出版，小乘大乘，空宗有宗，顯乘密乘，規模略具。

光是選印佛經，即雖精心選註，對今日的讀者恐怕益處亦不大。尤其是一些不能讀經論原文的讀者，他們僅靠讀近人的著述來瞭解經論大義，甚容易僅能得一偏之見，因此，便須要指導他們怎樣去讀經論，令其能親自體會經論的法味。這總比靠間接傳播，所領略者爲深刻。此亦猶家廚小炒，終比名廚製作的罐頭好味。

是故「導讀」之作，除註釋或講解經論外，最重要的，還是指出一經一論的主要思想，以及產生這種思想的背景，同時交代其來龍去脈，即其啓發承先的作用。讀者循序而入，便當對佛學發展的脈絡瞭然，亦能體會佛說一經的用意，菩薩演繹一論的用心所在。

《佛家經論導讀叢書》總序

一

讀佛家經論，困難的地方不在於名相，而實在於領略其旨趣。若得其旨，開卷便覺終身受用；若不得其旨，則雖誦經終身，開卷終覺茫然。

經論有不同的旨趣，衍生成不同的宗派，實由於作者根器不同、修持不同之故。印度晚期，將此歸納爲四宗部，而修持次第則分爲九乘，這已成爲藏密寧瑪派的傳統。若根據這傳統來讀經論，在領略經論意旨方面，會容易一些，也能深入一些。

本叢書的編輯，實亦根據此傳統。且依古代論師的善巧方便，先依唯識抉擇部派佛教的經論，再依中觀應成派抉擇唯識，最後，則依了義大中觀（如來藏）抉擇應成派。

所以本叢書可視爲橋梁，由此即能過渡至《寧瑪派叢書》，領略寧瑪派九乘次第的根、道、果意趣。亦即由小乘的止觀修習，依次第而至「大圓滿」的修習，皆須知其根、道、果，然後始可修持。

二

依寧瑪派的觀點，一切經論實爲了修持的見地而建立。也可以說，無論那一次第的修持，都必須以經論作爲見地。這見地，也即是修持的根；其所修持，即便是道；修道的證量，也就是果。

因此，本叢書所收的經論，實爲各修持次第的根。其重要性，亦即在於此。指出這一點，非常重要。近代佛教學者接受了西方的治學方法，喜歡用「發展」這一觀點來處理一個系統的學術，因此便將佛家經論視爲一系列的「思想發展」。然而這樣做，卻實在非常不恰當。

釋尊當日教導弟子，依次第而教，因此開示的理論便亦依次第。但我們卻不能說釋尊於教導「四諦」時不識「十二因緣」；於教導「十二因緣」時不識「唯識」；於教導「唯識」時不識「中觀」；於教導「中觀」時不識「如來藏」。因此，我們不能說這種種學說，實由「發展」而來，而非釋尊的次第說法。

是故各種不同的佛家見地，只有傳播的先後差別，而非由一個思想，發展成另一個思想。也可以這樣說，只能有「佛家思想傳播」的歷史，絕對不可能有「佛家思想發展」的歷史。若說「發展」，有墮為謗佛的危險。

由是讀者須知，佛家經論實為由上向下的建立，而非由下向上的發展。由上向下建立理論，是為了實修的需要。我們喜歡說證空性，但如何去證空性呢？那就非依次第修持不可，那就需要由上向下建立各次第的根。指出各次第的根，其旨趣何在，即是編輯這套叢書的基本觀點。

理解佛家經論，必須由實際修持着眼。若離修持去理解，則必生疑惑。以《入楞伽經》為例。倘離實修，則會覺得其不純，既非純說「唯識」如《解深密經》等，亦非純說「如來藏」如《如來藏經》等。筆者當本即持此疑，向敦珠法王無異智金剛尊者請開示。法王只答一句：「《楞伽》說菩薩的心識，但菩薩亦由凡夫起修，是故便亦說凡夫的心識。」筆者即因法王這一句開示，才得叩開「如來藏」的大門，建立「了義大中觀」見。

三

蓋佛家一切法門，無非只是心理改造，由凡夫改造為聖者，即是法門建立的目的。是故釋迦說「四諦」時，亦說「四諦十六行相」。所謂「行相」，便即是心的行相，也即是心理狀態。凡夫若不知自己在修持時的心理狀態如何變化，實不能稱為修持。

《楞伽》說「如來藏藏識」，即是「聖凡心理狀態」的分析。那實在是為實修作指導，而非建立一種思想。如是理解，即知《楞伽》並非不純。同時亦可明白，當本達摩尊者何以只傳「四卷楞伽」的印心。「印心」者，即是洞悉自己的心理狀態變化，那就是修持。

舉此一例，即知經論不是純理論的建立。本叢書的編輯，即以實際修持為著眼點，期望能因此而令讀者知道經論並非知識。若視之為知識，則釋尊已說之為「說含不飽」。

四

西元一九九二年，唯識大師羅時憲教授在香港，筆者在夏威夷，遙隔萬里，志趣一如，因有編纂本叢書之意念。經論多由羅公選定，導讀者亦由羅公圈定，羅公並委筆者為主編。於西元一九九三年中筆者返香港，籌集資金，編輯出版，終能於羅公往生前，完成叢書三冊，而整套叢書則於一九九七年中殺青。前後經營四年，總算未負羅公之所託。

然而當日限於客觀條件，叢書的內容及版式均未如理想，且編排次第參差，實爲憾事。今既出修訂版，則內容版式及次第均有所修改，此實爲全佛文化事業有限公司助成之功德。羅公於彌勒座前，當歡喜讚嘆。

乃爲之頌曰——

文字原非障　實為修道根
所修亦不執　次第斷毒塵
是故佛所證　喻為金剛心
頂禮諸聖衆　灑我以甘霖

西元一九九八年農曆四月於圖麟都

談錫永

別序

現代研究佛學的學者，將佛教傳播分爲三個時期，即原始佛學、部派佛學、大乘佛學。

原始佛學指的是釋尊在世時期，以迄其涅槃後第一百年。釋迦是西元前六世紀時人，所以這個時期，相當於西元前六世紀至四世紀。

於原始佛教時期，佛教並未分成部派，和合一味無諍。當釋迦在世時，釋迦所傳以「四諦」爲主，說法的重點完全針對人生的現象，人生是「苦」；苦的原因是「集」（有種種積聚，如色受想行識等五蘊，即是衆生在物質界以及精神領域上的種種聚集）；是故佛家必須「滅」苦，滅苦的方法即是「道」。——這苦、集、滅、道四者，即是「四諦」，意思即「四點眞理」。

釋迦涅槃以後，他的大弟子衆將其生前說教，結集爲經典，主要爲四部《阿含經》——即是屬於原始佛教時期的根本經典。

部派佛學時期，指的是釋迦涅槃後第一百年，以迄大乘佛學開始流播，其時約為西元一世紀頃。是故這段時期，便相當於西元前四世紀至西元一世紀，共約五百年。

在這五百年間，佛教開始分裂，起初是分裂成上座部與大眾部。上座部代表當時的資深弟子，因耆年有德，故稱為上座；與之相對的則是一般佛弟子，因為人數眾多，是故稱為大眾。——這兩部分裂，實在可以看成是佛教內部傳統勢力與革新勢力的爭議。

至於為甚麼會分裂，則有兩種說法。一種說法跟南傳的佛法一起流播，是故稱為「南傳」，另一種說法則跟北傳的佛法一起流播，是故稱為「北傳」。漢土屬於北傳佛法的弘播區，因此便主北傳之說。本論討論佛教分裂的情況，以及各部派的不同主張，即屬於北傳。

可是有一個情況卻值得注意，西藏所傳雖亦屬北傳佛學，可是關於部派佛學的分裂，卻主南傳之說，詳見克主傑的《密續部總建立廣釋》（談錫永居士譯並導讀，收本叢書中）。為甚麼漢藏所傳會有所不同，這情形很值得留意。

北傳說法，部派分裂是由「大天五事」的爭論引起，關於這點，「導讀」中已有述及，此處不贅。但卻應該指出，大天所提出的「五事」，是明顯地將阿羅漢（修小乘佛學得到成就的人）人性化，如說阿羅漢亦有夢遺，即是一例，而反對他的上座部，則顯明地是維持着聖者的尊嚴。

南傳的說法，於此不妨稍加敍述，作為「導讀」的補充。

於釋迦在世時期，佛教並無濃厚的宗教色彩，釋迦只是帶着一群弟子，到處去宣揚他自己的學說，以及教導止觀的修持。可是於他涅槃之後，佛弟子由於懷念釋迦，開始建塔、禮拜他的舍利，慢慢變成建塔造像。是故於釋迦涅槃後的第一百年間，佛教便逐漸建立起自己的宗教色彩。

宗教色彩一濃，跟釋迦當時並無宗教色彩的戒律，難免便有抵觸。舉例來說，跟着釋迦遊行乞食，到處接受供養的僧衆，可以不接受金錢布施，但一有佛塔佛像作為禮拜的中心，甚至還可能有說法的中心，那麼，不接受金錢布施的戒律便很難遵守。

南傳的說法，部派分裂即根源於戒律的爭議。

事件發生於吠舍離。吠舍離雖爲釋迦弘化之地，而且地處印度東方，接近佛的出生之國，但基本上卻屬於耆那教的勢力範圍。當釋迦涅槃之後的第一百年間，印度衆多王國之中，摩揭陀國崛起，併吞了東方諸國，如跋耆、僑薩羅等。摩揭陀一向護持佛法，因而跋耆等東方諸國也就變成佛法盛行之地，跋耆首都吠舍離也就成爲佛教徒聚集中心。

吠舍離向來商業發達，由於社會富裕，因此信衆對僧侶便習慣以金錢布施。他們對耆那教的僧侶一向如此，對佛教的僧侶亦自然如此。當時領導吠舍離僧團的上座，接受客觀現實，允許僧侶接受金錢。

可是，西方僧團的上座耶舍比丘來到吠舍離，見到這種情況，便根據戒律加以反對，由是爭議，耶舍於是召集各地上座比丘，在吠舍離開會，一一檢討，結果裁定吠含離僧團十事非法，將他們驅逐出境。當時參加會議的上座比丘共七百人，是故稱爲「七百結集」。

「七百結集」，即是佛教的第一次分裂，裂成上座與大衆兩部。

比較南傳北傳兩種說法，似乎南傳的比較可信。南傳之說傳入藏土，可能是由印度佛教後期諸師傳入，也即是說，大乘佛教的後期，實主南傳之說。

本論主北傳之說，論主世友論師屬「說一切有部」，故北傳之說，可以看成是小乘有部的觀點。他們將部派分裂說成由兩位「大天」先後引起，而二者相距的年代達百年，如此巧合，不能無疑。是故我們寧願相信南傳之說，第一次部派的根本分裂，實由吠舍離「七百結集」引致。

第一次根本分裂之後，上座與大衆兩部亦內部相繼分裂，五百年間共裂成十八部，實際上可能還不只此數，於是連原來的上座、大衆兩部，即共成二十部派。

這些部派分裂，主要由兩次事件導致。

首先應由摩揭陀王朝的沒落說起，代之而興的是難陀王朝。其時爲西元前四世紀初葉。

與此約略同時，希臘亞歷山大入侵印度。於西元前三二六年，亞歷山大佔領了犍陀羅，犍陀羅所造的佛像，帶有希臘的造型色彩，稱爲犍陀羅風格，便是當時所受的影響。

其時，原被難陀王朝驅逐的月護，回到摩揭陀城，號召印度人恢復國土，於是推翻了難陀王朝，成立了孔雀王朝。

孔雀王朝的第三代，即歷史上有名的阿育王。阿育王恢復國土，將印度北方統一，勢力尋且擴充至南方。他於西元前二六八年即位，行灌頂禮，因感戰爭殘酷，由是皈依了佛教。

據南傳的說法，阿育王舉行過一次集會，而北傳則沒有記載。

這次集會，是因爲阿育王供養比丘過萬，連非佛教徒也冒充爲比丘，接受供養。故阿育王便在華氏城結集，一方面爲了清洗非比丘衆，另一方面則是爲了統一當時佛學者的意見。據說其時提出不同的異見共計五百條，一正一反即共千條。會議中爭論得最劇烈的，是犢子部與化地部。由此可見自「七百結集」之後，上座與大衆兩部，本身已不統一。

華氏城論事之後，阿育王派遣幾批上座四出弘法，東至今之緬甸；西至西北印，尋且入大夏；南則至今之錫蘭。傳法範圍之廣，爲前所未有。

然而阿育王死後，其王朝即爲巽伽王朝遭代。王朝信奉婆羅門，佛教受到遏抑。其時爲西元二世紀頃。

與巽伽王朝同時，印度南方則崛起了一個案達羅國。他們即使在阿育王時代，實在亦獨立自主，阿育王死後，他們便完全獨立，與巽伽王朝對抗。

由於阿育王曾派上座往案達羅傳教，所以巽伽王朝雖然滅佛，可是案達羅卻支持佛教。當時案達羅的佛教由兩位上座弘化，一位上座爲大天，其部派稱制多山部；一派上座則爲大曇無德，其部派稱爲法藏部。

據南傳的說法，「大天五事」之爭，即是兩位上座之爭，亦即制多山部與法藏部之爭。大天原屬上座，當時稱爲大衆部，則是因爲他們的部派於當時屬於多數派之故。

制多山部後來發展爲西山住部、北山住部等，此兩部稱爲案達羅派，大乘思想即由此兩部流出。是故大乘佛學的發源地即在南印。

總的來說，佛教部派分裂，主要由三件事件引起，即「七百結集」、「華氏城論事」與「案達羅爭議」。茲將這三次分裂的情形，表列如下，將有助於

理解部派佛學的分裂與發展

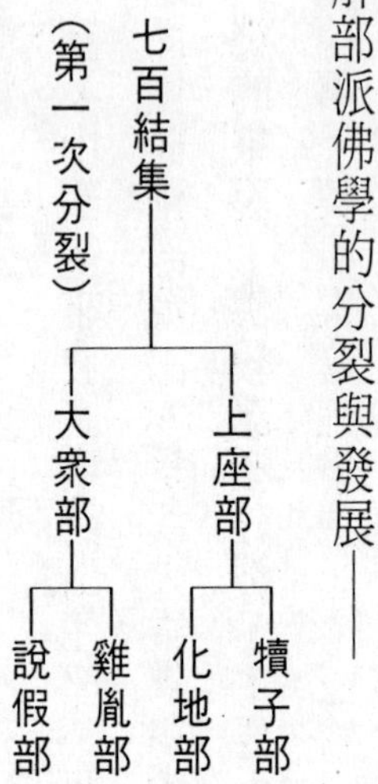

由表可知，於根本分裂之後，上座部又分裂爲犢子與化地兩部，大衆部亦分裂成雞胤、說假二部。連二根本部，即共六部。

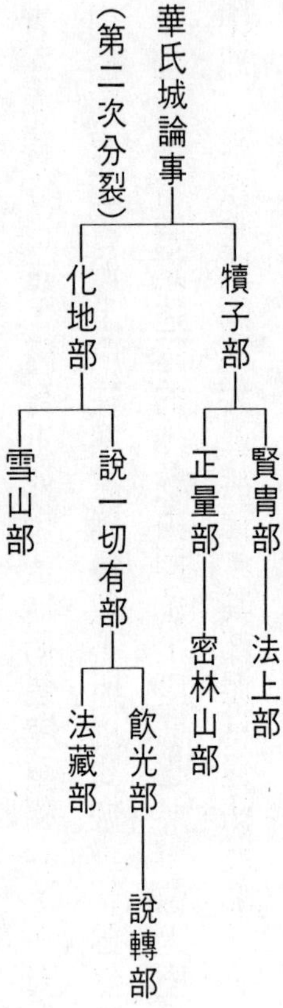

此次論事，引起上座部中枝末兩部分裂。此枝末兩部即犢子部與化地部。

犢子部分裂爲賢胄部與正量部，其後由賢胄部發展出法上部，正量部發展出密林山部。化地部分裂爲說一切有部及雪山部，前者分出法藏部，及發展爲飲光部。故華氏城論事，所引起者主要是上座部的分裂。

- 案達羅爭議（第三次分裂）
  - 法藏部
  - 制多山部
    - 西山住部
    - 北山住部

此次爭議，大衆根本部中別出一部，即制多山部，與上座部中屬於化地部系統的法藏部爭議。制多山部後來又發展成西山住、北山住二部。即是說，在這時期，大衆部的分裂情況如下——

- 大衆部
  - 制多山部
    - 西山住部
    - 北山住部
  - 雞胤部——多聞部
  - 說假部

其中制多山部的系統，即所謂「案達羅派」(Andhara)。由此發展成大乘思想。

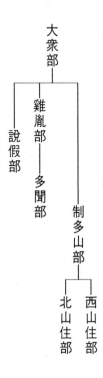

然而上述的卻只是基本情況，事實上各部派亦彼此有合流的情形。例如上座部中的雪山部即與大衆部中的制多山部合流，然後才發展爲案達羅學派。因大乘思想中，實含上座部的一部份學說，以及大衆部的一部份學說。又如上座部中的法藏部傳至錫蘭，專說「方廣」，即據他們自己的意見，演繹佛家所說的空性，他們的學說，亦曾影響西山住及北山住部，由是成爲大乘「般若」思想傳播的先行。至於後來法藏部演變爲「惡取空」，即將一切事物看成「空無」，便反成爲龍樹說空時所破的對象，那已是公元二世紀時的事。其所演變，當然跟各部派所宗的修持見地有關。

要全部研究二十部派的思想及與修持的關係，現在已變成是困難的事，因爲原始資料已經散佚。在這情形下，本論以及其他同類論著，因述說部派分裂，從而說及各部派的思想，便成爲相當重要的資料。除此之外，還有一些論著，如《成實論》，因爲要站在本部的立場來批判餘部，因此也就不得不連帶說及他們的思想，到了今天，也就成了研究部派佛學的素材。

關於各部派的思想開合，讀本論時應加注意，於研讀本論後，對部派佛學應已有一定的瞭解，我們要補充的，只是案達羅學派思想對大乘思想影響的脈絡。

前已說過，案達羅學派發展於南印，南印的案達羅王朝，崇信婆羅門教，所以佛教在當地得不到高層的支持，只能得到民衆的信仰，這些民衆，主要爲印度四種姓中的第三階層。因此，案達羅學派便注入了民間的色彩，不純是「王者之風」的高調。這就形成了他跟上座部不同的風格。

案達羅學派主張「一意趣可行淫」，這對當時的佛教界來說，可以說是驚天動地之舉。這個說法，主張出家人在信行及願行同一意趣的情形下，可以結爲夫婦。這個主張便等於打破了出家與在家的分別。

爲甚麼會提出這樣的主張呢？主要原因即在於吸收下層信衆。下層信衆忙於生活，要拋開家庭來出家，實際上有困難，倘若出家而依舊能夠繼續維持家庭的結構，那就比較方便一點。所以案達羅派的主張，可以說是根據實際情況出發。

或者說，爲甚他們不可以分別出家人與居士的身份呢？佛在世時，一向就有出家在家的「四衆」，要在家的佛教徒，就維持其居士身份好了，何必要提倡「一意趣行淫」？

這個問題，恐怕牽涉到傳法的問題。依照佛家制度，有許多儀式都須由出家人來主持，例如授戒、剃度等。因此，一個僧團就必須有一定數量的比丘，然後才可以如法進行一些活動，在工農業階層中，比丘的數量不足，是可以理解的情況，正因這樣，他們才不能不打破出家與在家的界限，讓一些比丘既能傳法授戒，又能照顧自己的家庭。

北傳大乘佛教，只有我國的比丘與比丘尼嚴守出家生活，其餘日本、韓國的比丘，都許可有家室，恐怕即跟案達羅的傳統有關。

至於大乘初期經典，如《維摩詰經》，維摩詰以在家居士的身份，向出家的菩薩及阿羅漢說法，連釋迦都對他的說法認可，這更是打破佛制。這種提高在家居士身份的經典出現，應該即是案達羅思想的承繼。——至於維摩詰原是密乘的祖師，那已是另一個問題，詳見本叢書《維摩詰經》導讀及其附錄文件。

由對在家居士的重視，便發展出「菩薩行」的概念。菩薩以應化身化度衆生，他的身分便可以是任何階層人士，不限定為出家衆。是故由對阿羅漢的尊崇，演變對菩薩的禮拜，其間脈絡實可追尋。

此外，由小乘過渡到大乘還有一個很重要的概念，那就是「法我空」的問題。

小乘行人承認「人我空」，即「自我」沒有本質——提不出一種眞實的成份，來證明這即是「自我」的本質（本體）。可是他們對「法我空」卻有猶疑。所謂「法」，在這裏是指一切形而上的概念及心理狀態，釋迦說的道理以及所教導的止觀修習，當然也包括在內。對小乘行人來說，如果連釋迦傳下的法義、修持與戒律，也視之為無自性空，那是很難理解的事，但案達羅學派卻強調法性空。為甚麼呢？正因為他們要適應環境，改變傳統，是故他們便主張法義可以分階段傳播，只須不違背釋迦傳法的精神，便不須墨守成法。由是也就為其後建立的修持次第，開了先路。

這個「法我空」的概念，可以推廣至一切事物與現象，強調「法我空」，正是大乘佛學的特色。在《金剛經》中，對此即有強調，因而也就成為《金剛經》在「般若」系列經典中的特色。其詳可參考本叢書《金剛經》導讀。

大乘經典初出，時當西元一世紀中葉，其時部派佛學經互相競勝之後，主要只分四個部派，即上座部，以及屬於這系統下的犢子部，與說一切有部，此外即爲對立的大衆部，主要爲案達羅派。案達羅派善於說空，而大乘初期經典亦說空性，由此亦可見二者的關係。也可以說，若無案達羅派的法義作爲先行，般若思想的傳播便時機當未成熟。

高永霄居士的「導讀」及其附錄一文，若能細讀。並參考筆者的拙見，讀者於所謂「部派佛學」便當能得一輪廓。至於各部派在修持及行持上的開合，恐怕便要求之於南傳佛教諸國的傳統了。

西元一九九八年歲次戊寅四月修訂於加國圖麟都

談錫永

第一篇

導讀

第一章 部派的分裂

原始佛教是指從佛陀在世時代到佛滅後百年間的佛教而言，在這時代的佛教，還沒有分出派別，可說是教海一味，和合無諍的。當時的佛教制度、形式、教理、戒律都是依照佛陀的本旨，原原本本的被解說和實行，絲毫沒有紛諍的現象。這是因爲在佛滅後，原有留下來的長老們，對於教團的影響力，仍然甚大，因此執行佛陀時代的傳統教法和戒律，甚爲嚴謹。所以便仍然顯示和合無諍的狀態。

可是，到了佛滅後百年時，長老們的感化力日漸衰退，於是教團的維持，就不得不倚靠於佛法與戒律。因此，一般對經、律的解釋，有了思想上的分歧，便成爲僧侶間重大的問題。況且，由於僧團的擴大，且分布於各地，亦由於地理環境的不同，便產生了意見上的衝突，彼此無法統一和團結，遂發生了分派的現象。

根據現存的資料，佛教的分裂開始於佛滅後一百年頃，直至佛滅後四百年初的三百年間。最初由根本分裂爲大衆部（Mahāsaṃghika）和上座部（Theravāda），到了後來的枝末分裂，成爲二十部派。

隨着分派的興起，於是各部派間對教義和教團的問題，產生了種種不同的見解，便成爲部派間重大的差別。結果，多種阿毘達磨（對法）論書不斷出現，成爲各不同部派的思想典籍。迺至以說一切有部爲主的《阿毘達磨大毘婆沙論》編纂的完成，和後來以它爲中心的多本《毘婆沙論》論典出現時爲止，這個時期歷史家稱之爲「阿毘達磨佛教」，開創了後人研究印度小乘佛教思想的新紀元。

至於部派根本分裂的原因，南傳佛教和北傳佛教有顯著不同的傳說。南傳佛教以《島王統史》（Dipavamsa）和《大王統史》（Mahāvaṃsa）所載的「十事非法」①違律爲誘因，而至舉行第二次結集（吠舍離城七百集法），結果公然分裂爲上座部與大衆部兩大陣營，前者思想上具有保守的傳統；後者見解趣向於進步的改革。

《善見律》有說：

「世尊涅槃已一百歲時，毘舍離跋闍子比丘，毘舍離中十非法起……長老耶斯那比丘發起此事，於跋闍子比丘衆中，長老離婆多問薩婆迦，薩婆迦比丘答，律藏中斷十事非法，及消滅淨法……於毘舍離婆利迦園中，衆已聚集，如迦葉初集法藏無異，一切佛法中垢洗除已。」

北傳佛教方面則以《部執異論》，或《異部宗輪論》等典籍所記的「大天五事」②爲分裂的誘因，實際上牽涉到阿羅漢質素的問題。承認該五事的大衆部，與以之爲異端的上座部開始分裂，其後陸續發展成十八部，連根本二部，合計二十部派。

至於有關部派分裂的年代，南傳和北傳都同意在佛滅後一百年頃開始。至於終結年期，雙方則有不同的結論。南傳認爲到了佛滅後二百餘年，阿育王時代便分裂完畢；而北傳則延續至佛滅後四百年初的枝末分裂時方才停止。如是，部派所分出的次序，和各部派的名稱，南傳和北傳雙方面就有很大的差別了。

(甲)南傳佛教所傳(分別說部傳承)

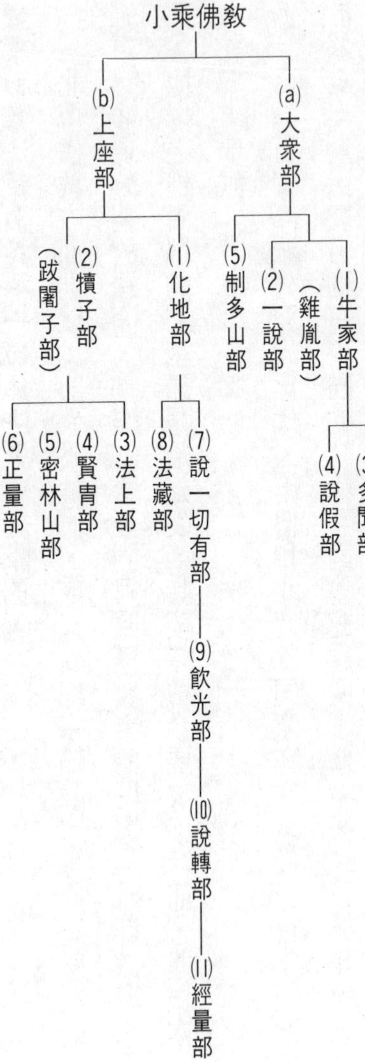

（乙）北傳佛教所傳（《異部宗輪論》）

小乘佛教（西元一百年餘）

- (a) 大眾部
  - (1) 一說部
  - (2) 說出世部
  - (3) 雞胤部
    - ——西元二百年初
  - (4) 多聞部
  - (5) 說假部
    - ——西元二百年中
  - (6) 制多山部
  - (7) 西山住部
  - (8) 北山住部
    - ——西元二百年末
- (b) 上座部（西元三百年初）
  - (1) 說一切有部
    - (3) 犢子部
      - (4) 法上部
      - (5) 賢胄部
      - (6) 正量部
      - (7) 密林山部
        - ——西元三百年中
    - (8) 化地部 ——西元三百年中
      - (9) 法藏部
    - (10) 飲光部（善歲部） ——西元三百年末
    - (11) 經量部（說轉部） ——西元四百年初
  - (2) 雪山部（根本上座部）

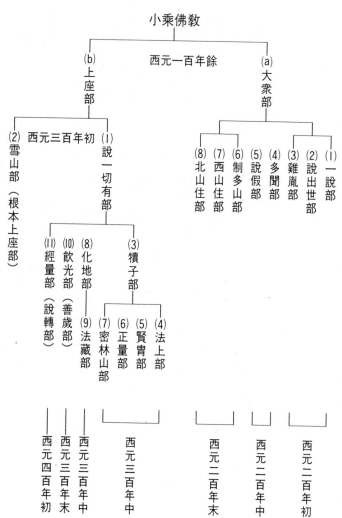

除了上述兩類典籍所指出的部派分裂情況外，依南傳佛教所說，後來在南印度的大衆部再分裂爲王山部、義成部、東山住部，西山住部、和西王山部等五部，統稱爲案達羅派（Andhara）。而在北印度的上座部又分出雪山部。

至於北傳方面，除《異部宗輪論》和《部執異論》所記載的部派外，在《文殊師利問經》中亦有敍述部派分裂的情形：「我入涅槃後，一百歲此二部當起，後摩訶僧祇出七部……及本僧祇是爲八部。於百歲內，從體毘履部，出十一部……及體毘履成十二部。」而《十八部論》亦同樣說：「如是摩訶僧祇中分爲九部……如是上座部中，分爲十二部。」至於《舍利弗問經》所傳，由摩訶僧祇分出八部，同《異部宗輪論》，唯他俾羅（上座部）則分別流出十二部，異於《異部宗輪論》的次序。首先分出薩婆多和犢子二部，前者分裂爲化地、法藏和善歲三部，後者分裂爲法上、賢冑、正量、六城四部。其後上座部再流出飲光、經量和說轉三部。

據《大王統史》所傳，西元前三世紀阿育王派遣他的兒子摩哂陀（Mahinda）到師子國（斯里蘭卡）布敎，屬於上座部的分別說部，後來稱爲赤銅鍱部，在西元前一世紀以後分爲無畏山寺派（Abhayagirika）、大寺派（Mahavihara）和四世紀的祇多林寺派（Jetavaniya）。到了十二世紀後，只有大寺派存在，直到現在。

第二章　部派的分布與經律

關於諸部派在印度各地區上分布的情形：

㈠西北印度各地——說一切有部、經量部、大衆部、法藏部、化地部、飲光部。

㈡西南印度和西印度地區——犢子部、正量部、法上部、賢胄部、密林山部（六城部）。

㈢中印度至西北印度——大衆部、一說部、說出世部、雞胤部（牛家部）。

㈣南印度之案達羅——制多山部、東山部、西山部、北山部、南方大衆部（大天派）。

㈤北印度之雪山——根本上座部（雪山部）。

其實，《異部宗輪論》只是記述部派佛教在紀元初期的階段所發展順序和理論而已。其時，大乘佛教開始在印度各地急速擴展的狀況，刺激了部派佛教力謀改善，務求適應時代的轉變，於是改變了原有的形式化教條，以及深邃而繁瑣的學術。因此，經過教義的重新整理後，比較以前更爲世人容易接納，如是繼續發展，形成新的面貌，不過仍比大乘佛教較爲遜色。

迺至七世紀初年間，當玄奘三藏法師在印度留學時，根據後來他所寫的《大唐西域記》記載，有關當時的佛教傳播情形，敍述說一切有部、大衆部、正量部、上座部，及說出世部各派在印度的分布情形，頗爲興盛。而在七世紀末時期，在義淨三藏法師的遊歷記錄中，亦有述及當時大衆部、上座部、說一切有部和正量部，共存於以摩揭陀爲中心的印度地區，他們具有小乘佛教學理的影響力，可知在七世紀時，小乘佛教在大乘佛教興盛時，仍有它的傳承法統和傳播作用，以及存在的價值。

茲將拙著《迦濕彌羅結集的歷史考據》有關的資料錄下，以供參考：

「到了西元六世紀，這些部派即歸納為四大系統：㈠上座部（北方有化地部、法藏部為代表，南方以大寺派為代表）；㈡正量部（以犢子部為代表）；

㈢大衆部（以說出世部、一說部為代表）；㈣說一切有部（以飲光部、說轉部為代表）。」

據義淨三藏法師敍述該十八部是從根本四部分出來的：㈠大衆部分成七派；㈡上座部分成三派；㈢根本說一切有部分成四派；㈣正量部分成四派。前三者各有三十萬頌的三藏，而後者亦有二十萬頌的三藏。

玄奘法師從印度帶回來的梵筴，其中有關上座部的有十四部、大衆部的有十五部、三彌底部（正量部）有十五部、彌沙塞部（化地部）有二十二部、迦葉維部（飲光部）有十七部、法密部有四十二部、和說一切有部的有六十七部經論，共計一九二部。而玄奘法師將之譯成漢文的只有說一切有部的經論十數部，而其他的並沒有翻譯。至於原本經論可惜亦完全遺失，從此便失去了研究各部派的重要資料，以致後來的佛教學者未能全窺小乘佛教的眞面目。

現在只有將僅有的資料，作爲探討小乘佛教的思想理論。

華嚴宗將大小乘各宗派判釋爲五教（小、始、終、頓、圓）十宗，而小乘佔前六宗，列舉如下：

	上座部	大衆部
我法俱有宗	犢子部 法上部 賢冑部 正量部 密林山部 經量部	
法有我無宗	說一切有部 雪山部	多聞部
法無來去宗	化地部 法藏部 飲光部	大衆部 雞胤部 制多山部 西山住部 北山住部
現通假實宗		說假部
俗妄眞實宗		說出世部
諸法但名宗		一說部

我法俱有宗——執有實我及實法。（犢子部等）

法有我無宗——執有實法，但不執有實我。（說一切有部等）

法無來去宗——現在法爲有，過去未來法爲無。（大衆部等）

現通假實宗——否定過去、未來法外，於現在法中，界處是假，惟蘊是實。（說假部）

俗妄眞實宗——世間法爲俗諦，世俗是假；出世間法爲眞諦，勝義是實。（說出世部）

諸法但名宗——世間出世間法但有假名，而無實體。（一說部）

華嚴宗雖是大乘宗派，但以它的觀點來批判各小乘學派，可說並無偏袒任何一方，故可作爲參考。

依據《翻譯名義集》所傳，小乘律部分爲五部：

㈠摩訶僧祇——大衆部。《摩訶僧祇律》本（四十卷）。依長、中、雜、增一阿含、雜藏。

㈡薩婆多——說一切有部。《十誦律》本（六十一卷）。依雜、長、中、增一阿含。

㈢彌沙塞——化地部。《五分律》本（三十卷）。依長、中、雜、增一阿含，雜藏。

㈣曇無德——法藏部。《四分律》本（六十卷）。依長、中、增一、雜阿含、雜藏。

㈤迦葉遺——飲光部。《解脫律》戒經本。依長、中、相應、增支、小部經典（上座——分別說部）。

時至今日，上座部佛教成爲南傳佛教的最重要支柱。例如出家的比丘戒律、僧團的生活方式、修持的正確方法和教條的哲學理論，都是保持原始的傳統教法。所以能夠維持在社會上的地位，且在南傳佛教國家中佔有很大的勢力，僧侶成爲國民敬佩和尊崇的形象。

因此南傳佛教在斯里蘭卡、緬甸、泰國、柬浦寨、寮國等國家中具有不可動搖的宗教信仰地位。反之，大乘佛教只有小部份來自外國的信徒信仰外，在那些地區已逐漸消失，甚至與外教徒相比，例如回教、基督教、印度教、錫克教等，人數亦少得很。由此可知，上座部佛教在該些地區的民間信仰中，已根深蒂固。

第三章　有關《異部宗輪論》的考據

關於阿毘達磨佛教的歷史，在印度難得有豐富的資料，因爲印度對於歷史並不重視。佛教文獻於紀元前後才有文字紀錄，兼之印度言語複雜，在傳播上容易發生錯誤。所以才有多次佛教結集的紀錄，作爲匡正之舉。

到現時爲止，《異部宗輪論》及其異譯本便是唯一記載着北傳佛教所說的部派分裂情況，其中有關歷史和理論的敍述，剖析了當時各部派思想的異同，勾劃出各派別的不同輪廓。特別是在相異的環境下，以不同的意見立場，所產生的差別主張，其中錯綜複雜，令人目爲之眩，歎爲觀止。

很可惜，這部《異部宗輪論》的寫成年代並未確定，因此並未能爲研究各部派的思想發展順序，以及各部派間的歷史正確關係。有學者認爲這部論是比《大毘婆沙論》還要晚的作品，原因是這部論的作者世友爲《婆沙》四大論師之一，而其內容對經量部的思想亦有多次論及，因此可以作爲明證。

《異部宗輪論》（Ŝamaya-bledo-paracana-cakra Ŝastra）的釋名，窺基大師在《異部宗輪論述記》說得很清楚：「人有殊途，厥稱異部；法乘一致，爰號宗輪，異者別也，部者類也。隨理解情況不同，別而爲類，名爲異部。宗者主也，輪者轉也，所立之法，互有取捨。喻輪不定，故曰宗輪……激揚宗極，藻議收歸，垂範後昆，名之爲論。」這即是說，本論所述爲小乘各部派的不同宗旨。

關於《異部宗輪論》的作者世友（Vasumitra），梵名筏蘇密多羅。《部執異論》則作天友，譯名不同。他是北印度人，生於初世紀年代，出家於犍陀羅之說一切有部。深造小乘諸論，故被邀請爲迦濕彌羅（Kashmira）結集的五百賢聖上座之一，與其他三大《婆沙》論師（覺天、法救、妙音）共同編纂佛教經律論三藏《毘婆沙》（廣說）。經十二年之久方才完成，然後採集各學派的不同見解，而以說一切有部的思想作爲評述觀點，寫成這部《異部宗輪論》，其時約在公元後一百年間。

《異部宗輪論》譯者係我國佛教著名佛典譯師唐玄奘三藏法師（公元六〇二至六六四年）。法師本姓陳，名禕。河南洛州緱氏人。十三歲出家，二十歲受具足戒。曾各處參訪名師，學習經論多年。嘗講《攝大乘論》、《阿毘曇論》等。感各師所說不一，各種經典不盡相同。《大慈恩寺三藏法師傳》說：「師既遍謁衆師，備飡各味，詳考其義，各擅宗途，驗諸聖典，亦隱顯有異，莫知適從，乃誓遊西方，以問所惑。」曾上表西行未許。終於在唐貞觀三年（公元六二九年）八月，自長安啓程西行，迺至貞觀十九年（公元六四五年）正月才返回長安，留學印度凡十七年，賷回經籍共五百二十筴，有六百五十七部。包括有大小乘經、律、論和因明論、聲論等。玄奘法師乃組織譯場，於弘福寺、慈恩寺、玉華寺和弘法院等地譯經，自貞觀十九年（公元六四五年）開始譯經，直至麟德元年（公元六六四年）間，共十九年，譯出七十五部，一千三百四十一卷。其中有大乘經論、大乘律密教經和小乘經論，而小乘論包括《六足論》、《發智論》和《大毘婆沙論》。《異部宗輪論》乃於龍朔二年（公元六六二年）七月十四日在玉華寺譯出。窺基隨翻受旨，編爲《述記》，疏成十卷。

本論之異譯，有《十八部論》一卷。相傳爲陳眞諦譯，但後來學者考據爲鳩摩羅什譯。在其論初，則錄有《文殊師利問經》卷下〈分別部品第十五〉。其內容說明部派分成二十部，除部派名稱相異外，其分出部派次序大致相同。

現依據日本《大正藏》之說明如下：

「按此論者宋藏中錯重寫，彼《部執異論》名為《十八部論》，故今取此國本為正。《開元錄》云，右《十八部論》群錄。並云：梁代三藏真諦所譯。今詳真諦三藏已譯《十八部論》，不合更譯《部執異論》，其《十八部論》初首引《文殊問經分別部品》，後次云羅什法師集，後方是論。若是羅什所翻，秦時未有《文殊問經》，不合引之置於初也。或可準別錄中《文殊問經》編為失譯，秦時引證，此亦無疑，若是真諦再譯，論中子注，不合有秦言之字，詳其文理，多是秦時羅什譯出，諸錄脫編，致有疑焉！其真諦《十八部論》即《部執異論》是雖有斯理，未敢指南，後諸博聞，請求實錄。」

其他異譯本有《部執異論》一卷，係陳天竺三藏法師眞諦譯。此論與《異部宗輪論》內文十分接近，故認爲是同一梵本所出。因此，特將此論與《異部宗輪論》同時刊出，作爲讀者參考。

陳眞諦（公元四九九——五六九年）梵名波羅末陀（Paramartha），乃西印度優禪尼（Ujjain）人，於梁大同三年（公元五四六年）來華，時年三十餘歲。適逢世亂，法師於流離間，仍能譯出經論共六十四部，二百七十八卷，主要有系統地譯出大乘瑜伽行派的典籍，包括《攝大乘論》（Mahāyāna-samparigrah-sāstra），引起了當時的人對《攝論》研究的興趣，影響了南朝《攝論》學派的主要理論，故有「攝論宗」的成立。眞諦法師於陳太建元年（公元五六九年）圓寂，時年七十一歲。

唐沙門窺基在其《異部宗輪論述記》中，說明其師重翻《宗輪論》的原因，如下所敘：

「昔江表陳代三藏家依（按即真諦）已譯茲本，名《部執異論》，詳諸貝葉，校彼所翻，詞或爽於梵文，理有乖於本義，彼所悟者，必增演之，有所迷者，迺剪截之。」

因此，讀者作爲互相參詳比較可也。

註釋

①「十事非法」——下列十事被認爲是違反戒律：

㈠角鹽淨（可貯鹽於角形器內，待日後用。）

㈡二指淨（午後日影偏斜二指時，仍可就食。）

㈢他聚落淨（飯後，若在午前，仍可到別村再食。）

㈣住處淨（在同處住宿，可分別在兩處舉行布薩，即誦戒懺悔的法會。）

㈤贊同淨（在不足法定人數情況下議事，事後可徵求未出席者同意。）

㈥所習淨（可按導師的先例習慣行事，可有罪，可無罪。）

㈦不攪搖淨（午後可飲不攪動的牛乳，即含脂之乳。）

㈧飲闍樓迦淨（生病時，可飲未發酵的椰子汁，以作藥用。）

㈨無緣坐具淨（可坐無邊緣裝飾的坐具。）

㈩金銀淨（可接受金銀施捨，儲蓄起來。）

②「大天五事」——爲大天的五種主張：

㈠餘所誘——阿羅漢有不淨精液之漏失。

㈡無知——阿羅漢有不染污無知。

㈢猶豫——阿羅漢有處非處疑惑。

㈣他令入——阿羅漢由他師令證入，不能自知。

㈤道因聲故起——聖道須稱唱苦才現起。

第二篇

釋正文（附異議《部執異論》）

第一章　造論因緣偈頌

【論文】佛①般涅槃②後，適滿百餘年，聖教異部興，便引不饒益。

【異譯】佛滅百年後，弟子部執異，損如來正教，及衆生利益。

【釋義】自從釋迦佛入般涅槃後，剛好是一百多年，佛陀的教法出現不同的理解類別，各種佛教的部派紛紛興起，這樣便引起了不饒益衆生事，對如來的正教有衰損義。

【註釋】

①佛——指釋迦牟尼佛（Sakyamuni Buddha），於西紀前約五百年，出生於印度北方迦毘羅衛城，爲淨飯王子，因感到人生痛苦，故毅然出家修道，尋求解脫人生衆苦的方法；經過六年苦行後，終於覺悟宇宙人生的眞理，然後將此眞理向世人宣說，許多人因此獲得解脫之道，經過四十多年弘法，於八十歲時涅槃。

②般涅槃——梵語Parinirvana（巴）利語Pari-nibhana），譯作入滅、滅度、或圓寂，乃一切煩惱和業障已滅除。

【論文】展轉執異故，隨有諸部起，依自《阿笈摩》①，說彼執令厭。

【異譯】於不了義經，如言執故失，起衆生厭怖，令依理教說。

【釋義】由於小乘佛教各部派輾轉不定，情見不同，名爲異執；隨着時間先後，有各種不同部派興起，對於《阿笈摩》的教義作自宗的見解，隨有情執說，令其他有情生起厭憎和怖畏，於眞理的法義無所適從，這樣對於如來的正教和衆生的利益都有所損害。

【註釋】

①《阿笈摩》——梵名Agama，即小乘佛教經典，此傳有四《阿含經》，即《長阿含》、《中阿含》、《雜阿含》和《增一阿含》；南傳有五部《尼訶耶》（Nikāya），即《長部》、《中部》、《相應部》、《增支部》和《小部》。

【論文】 **世友①大菩薩②，具大智覺慧，釋種③真苾芻④、觀彼時思擇。**

【異譯】 天友大菩薩，觀苦發弘誓，勝智定悲心，思擇如此義。

【釋義】 當時世友大菩薩，是具有大智大慧者，爲佛教的眞正出家僧人；在那個時候，已距離佛滅後四百多年，世友觀察當時部派異執的意見紛紜，遂以深思熟慮的態度，以智慧去分別抉擇，定其是非，匡扶正法。

【註釋】

①世友——梵名筏蘇密多羅（Vasumitra），《部執異論》譯爲天友，是說一切有部僧人，在貴霜王朝迦膩色迦（Kaniska）王舉行佛教第四結集時的四大論師之一，完成纂集《阿毘達磨大毗婆沙論》，爲說一切有部最精要的理論學說典籍。

②菩薩——係菩提薩埵（Bodhisattva）的簡譯，意譯爲覺有情，舊譯開士、大士，是以智上求菩提，用悲下化衆生的尊稱，釋迦佛未成佛時，亦被稱爲菩薩。

③釋種——凡在佛教僧團出家者皆以釋氏爲姓，故統名釋種；即釋迦（Sakya）世尊的信徒，在佛教僧團中不分階級，一律平等。

④苾芻——梵名Bhiksu，舊譯作比丘，意譯爲乞士男，以佛教出家男衆曾受具足戒者。女性則

稱爲苾芻尼（梵名Bhiksuni），舊譯比丘尼。

【論文】等觀諸世間①，種種見漂轉，分破牟尼②語，彼彼宗當說。

【異譯】我見諸衆生，隨種種見流，故説其實義，如佛言所顯。

【釋義】本論的作者以普遍觀察世間之有情，感到他們爲着種種不同的見解影響，所以漂浮流轉，生起異見，對佛陀的言教有所破執。因此，爲重申正確教義起見，作者應爲各部派不同的理論，加以敍說，以顯佛義。

【註釋】

①世間——佛教以遷流爲世，即時間；間隔爲間，即空間。世間爲有情（生命）的器世界（依報）不斷遷流變化，呈現成、住、壞、空的現象。

②牟尼——梵語Muni，意譯爲寂默，爲佛與三乘聖者所證之法，依之而稱佛爲牟尼。

【論文】應審觀佛教，聖諦①說為依，如採沙中金，擇取其真實。

【異譯】若知佛正教，聖諦爲根本，故應取實義，猶如沙中金。

【釋義】本論重申各部派對於釋尊所說的教法，應該詳審觀察，以四聖諦爲依據，好像在沙中淘金一樣，去其砂礫，擇取佛法的眞實意義，留存其精華。

【註釋】

㈠聖諦（Āryasatya）——即苦諦、集諦、滅諦和道諦的四聖諦（神聖的眞理），前二諦說明世間流轉因果，而後二諦解釋出世間涅槃因果。

第二章 二十部派分裂概況

第一節 根本分派

【論文】如是傳聞，佛薄伽梵①般涅槃後，百有餘年，去聖時淹，如日久沒。摩竭陀國②俱蘇摩城③，王號無憂④，統攝贍部⑤感一白蓋，化洽人神。

【異譯】如是所聞，佛世尊滅後，滿一百年，譬如朗日隱頞悉多山⑥，過百年後，更十六年，有一大國，名波梨弗多羅，王名阿輸柯，王閻浮提，有大白蓋覆一天下。

【釋義】曾經聽聞有這樣的傳說：佛陀入涅槃後，約有百餘年，離去佛陀在世時稍遠，好像太陽在西方久已沒落後一樣。在印度摩竭陀國京城的俱蘇摩城，國王名叫無憂王，統理南瞻部洲，好像有一大白傘蓋，覆在天下，人民和神祇都很融洽。

【註釋】

①薄伽梵——梵名Bhagavan，又曰薄伽婆，意譯世尊。有偈頌曰：「自在熾盛與端嚴，名稱吉祥及尊貴，如是六德義圓滿，是故彰名薄伽梵。」

②摩竭陀國（Magadha）——古印度中部大國。

③俱蘇摩城（Kusumapura）——即是波羅利弗多羅（Pataliputra），位置在現今印度的巴那（patna）地方。

④無憂王——梵名阿輸迦（Asoka），又曰阿育王，約於公元前二五〇至三〇〇年在位，乃孔雀王朝的君主。

⑤贍部——南贍部洲（Jambũdvipa），在須彌（Sumeru）山南部，屬四大部洲之一，又稱南閻浮提。

⑥頞悉多山——梵名Asta，在日落西方的後山。

【論文】是時佛法大衆初破，謂因四衆共議大天五事不同，分為兩部，一大衆部①，二上座部②；四衆者何？一龍象衆③，二邊鄙衆④，三多聞衆⑤，四大德衆⑥。

【異譯】如是時中，大衆破散。破散大衆凡有四種：一、大國衆，二、外邊衆，三、多聞衆，四、大德衆。此四大衆，共說外道所立五種因緣。

【釋義】在那個時候，釋尊所說的佛法最初被大衆所破裂。就是因爲四衆共同商議「大天五事」，有了不同的見解，因此便分裂爲二大部：一是大衆部，二是上座部。四衆指甚麼？就是一、龍象衆，二、邊鄙衆，三、多聞衆，四、大德衆。

【註釋】

①大衆部（Mahā-saṃghika）——義爲僧衆，屬於僧團的改進派，爲根本分裂二部的其中一部。

②上座部（Sthaviravāda）——義爲尊者，屬於僧團的保守派，亦爲根本分裂二部的其中另一

部，陳譯爲上座弟子部。

③龍象衆——以能善持戒律，如龍象沒有怖畏的僧衆。陳譯爲大國衆。

④邊鄙衆——以形象和德行與出家人不符的僧衆。陳譯爲外邊衆。

⑤多聞衆——以廣學多聞的僧衆而言。

⑥大德衆——以德高智深、令人敬重的僧衆而言。

【論文】其五事者，如彼頌言：

餘所誘①無知②，猶豫③他令入④，道因聲起故⑤，是名真佛教。

【異譯】五因緣者，如彼偈說：

餘人染汚衣，無明疑他度，聖道言所顯，是諸佛正教。

思擇此五處，分成兩部：一、大衆部，二。上座弟子部。

【釋義】所謂五事者，即如下面偈頌所說：

餘所誘（阿羅漢爲餘魔所誘，有漏失不淨事，即遺精）無知（猶有不染汚無知），猶豫（仍有處非處疑惑）他令入（阿羅漢但由師令證入，不能自知），道因聲故起（聖道因唱苦才現起），是名眞佛教。

【註釋】

①餘所誘——據大天說，漏有兩種：一者煩惱、二者不淨，阿羅漢已無煩惱漏，但仍有不淨漏。因此，阿羅漢有時身體有不淨漏，對於阿羅漢的地位無妨，因爲這不是從煩惱而來的，而是天魔把這不淨東西附於阿羅漢的衣服。

②無知——據大天說，無知有兩種；一者染污無知、二者不染污無知，阿羅漢雖然斷了染污無知，但仍有不染污無知。故阿羅漢不能自覺自己證果，要待別人爲他記別。

③猶疑——據大天說，疑有兩種；一者隨眠（煩惱異名）性疑、二者處非處（離煩惱性之事實是否合理）疑。阿羅漢已斷除隨眠性的疑惑，但仍有處非處的疑惑，故對於諦實的事不能確知。

④他令入——據大天說，阿羅漢不得自知已證阿羅漢果，須倚靠別人方能令證入阿羅漢。

⑤道因聲起故——大天夜間睡覺時常呼叫「苦哉，苦哉！」語，弟子問故，大天說：「凡聖道（出世智慧）若不曾稱唱念其苦，便不能現起的。」

第二節 大衆部分派

【論文】後即於此第二百年，大衆部中流出三部：一、一說部①，二、說出世部②，三、雞胤部③；次後於此第二百年，大衆部中復出一部，名多聞部④，次後於此第二百年，大衆部中更出一部，名說假部⑤。

【異譯】至第二百年中，從大衆部又出三部，一、一說部，二、出世說部，三、灰山住部。於此第二百年中，從大衆部又出一部，名得多聞部。於此第二百年中，從大衆部又出一部，名分別說部。

【釋義】後於佛滅後第二百年，在大衆部中，流出三部，即是一、一說部；二說出世部；三、雞胤部。其後於此第二百年，大衆部更流出一部，名多聞部。次後再於此第二百年，大衆部中更流出一部，名爲說假部。

【註釋】

①一說部——梵名Ekavyavahārika。此部執世、出出世間法皆無實體，但只同一假名。名即是

說，意謂該法唯一假名，無體可得，此與大眾部本旨異，故分別名一說部，從所立為名。

②說出世部——梵名Lokattaravādin，此部執世間煩惱從顛倒生，此復生業，從業生果，世間之法既從顛倒生，顛倒不實，但有假名，都無實體。出世之法非顛倒，另有別體，皆是實有，唯此是實，世間皆假。既乖大眾部本旨，所以分別名說出世部。

③雞胤部——梵名Kukkutika，陳譯為灰山住部。此部從族主的姓以立部名。上古有仙，貪欲所逼，遂染一雞，後所生族，因名雞胤，乃婆羅門中仙人種姓。此部唯弘對法（論），不弘經律，以經律是佛陀方便教。另有譯為牛家部（Gokulika）。

④多聞部——梵名Bahuśrutiya，陳譯為得多聞部。以當時部主祀皮衣阿羅漢，更誦深義，廣學三藏，具多聞德，深悟佛言，為眾愛戴，從德為名，名多聞部。故此部師多聞精進，速得出離，疾斷煩惱。

⑤說假部——梵名Prajñaptivādin，陳譯為分別說部。此部所說世出世法皆通假名，為以眞實外，非一向假故。不同一說部非出世法一切皆實故，亦不同說出世部說，世出世法皆有假有實。故從所立以標部名。

【論文】第二百年滿時，有一出家外道，捨邪歸正，亦名大天，於大衆部中，出家受具，多聞精進，居制多山，與彼部僧重詳五事。因茲乖諍，分為三部：一、制多山部①，二、西山住部，三、北山住部。如是大衆部四破或五破。本末別說合成九部：一、大衆部，二、一說部，三、說出世部，四、雞胤部，五、多聞部，六、說假部，七、制多山部，八、西山住部，九、北山住部。

【異譯】此第二百年滿，有一外道，名曰大天，於大衆部中出家，獨處山間，宣說大衆部五種執異，自分成兩部；一、支提山部，二、北山部。如是大衆部四破五破，合成七部。一、大衆部，二、一說部，三、說出世部，四、灰山住部，五、得多聞部，六、分別說部，七、支提山部、北山部。

【釋義】在佛滅後足第二百年時，有一位捨邪歸正的出家外道，他亦是名爲大天。在大衆部中發心出家，受具足戒，修學佛法多聞精進。他居住於制多山地方，其時，他和大衆部僧衆重新討論以前那位大天所說的五件事。結果，有人認爲是對的，有人認爲是不對的。因此，雙方諍論不休，便分成三部：住在制多山的名制多山部；住在制多山西面的，名西山住部；住在制多山北面的，名北山住部，乃是以住處立名。這樣，大衆部經過四次分破，連根本分裂，便是五次分破，本末合說起來，總共成爲九部，列舉如下：一、大衆部，二、一說部，三、說出世部，四、雞胤部，五、多聞部，六、說假部，七、制多山部，八、西山住部，九、北山住部。

【註釋】

①制多山部——梵名Caityacaila，陳譯爲支提山部。居住在制多山上的一派名制多山部。制多翻爲靈廟，此山有制多，人依山住，乃從山立名。一部份人遷居於山的西面，稱爲西山住部（Aparácaila），另一部份人遷居於山北隅者，稱爲北山住部（Uttáracaila）。

第三節　上座部分派

【論文】其上座部經爾所時，一味和合。三百年初，有少乖諍，分為兩部。一、說一切有部①，亦名說因部②，二、即本上座部③，轉名雪山部④，後即於此第三百年中，從說一切有部流出一部，名犢子部⑤。

【異譯】上座弟子部，住世若干年，至第三百年中，有小因緣分成兩部：一、說一切有部，亦名說因部；二、雪山住部，亦名上座弟子部。於此第三百年中，從說一切有部又出一部，名可住子弟子部。

【釋義】至於上座部，於兩部根本分裂後，還是一味和合，並沒有諍論。但是到了三百年初，才因爲思想上的不同，引起微少諍爭，所以分裂爲兩部，一、說一切有部，亦名爲說因部；二、根本上座部，轉稱爲雪山部。後於此第三百年中，從說一切有部流出一部，名爲犢子部。

【註釋】

①說一切有部——梵名Sarvāstivādin，梵音譯爲薩婆多部。此部以迦多衍尼子（Kātyāyanīputra）造《發智論》爲始，主張首弘論藏，其次經律。故有重論輕經的傾向，不弘根本的經藏，唯弘枝末的論和律藏，以一切的有爲法和無爲法，各有它的實體。有爲三世實有，無爲離世實有，故名說一切有部，乃從所立法以彰部名。

②說因部——梵名Hetuvãdin，此部每論一事，都舉出它的原因，表示它的意義，故名爲說因部。

③根本上座部——梵名Sthavira，乃承迦葉遺敎，對佛陀宣說之經教特別重視，而對律和論則屬次要。因此，首弘根本經藏，輕視枝末的律、論藏。此與說一切有部相異。

④雪山部——梵名Haimacata，以此部學者見有部中人時常爭論不休，認爲不宜同居一處，乃移居於雪山，從住處立名。陳譯爲雪山住部。

⑤犢子部——梵名Vātsiputriya，此部以部主姓氏立名，上古有仙，居山靜處，欲染母牛，因而有子，自後仙種皆名。立論以舍利弗所造的《阿毘曇論》爲根本所依，而大弘《阿毘曇論》。此部與衆不同，獨說有我，是其特色，陳譯爲可住子弟子部。

【論文】次後於此第三百年，從犢子部流出四部，一、法上部①，二、賢胄部②，三、正量部③，四、密林山部④。次後於此第三百年，從說一切有部復出一部，名化地部⑤。次後於此第三百年，從化地部流出一部，名法藏部⑥，自稱我襲採菽氏師⑦。

【異譯】於此第三百年中，從可住子弟子部又出四部：一、法上部，二、賢乘部，三、正量弟子部，四、密林住部。於此第三百年中，從說一切有部又出一部，名正地部。於此第三百年中，從正地部又出一部，名法護部，此部自說勿伽羅是我大師。

【釋義】繼後於此第三百年間，從犢子部中分出四部：一、法上部①；二、賢胄部②；三、正量部；四、密林山部。後又於此第三百年中，從說一切有部又流出一部，名爲化地部。其後於此第三百年中，從化地部更流出一部，名爲法藏部，自稱我承繼採菽氏，意以目犍連乃採食菽（豆子），遂得成仙種爲師，藉以令信。

【註釋】

①法上部——梵名Dharmottariya，此部以部主爲名，有法可上，名爲法上；或復有法生衆人之上，故名法上，從人爲名。

②賢胄部——梵名Bhadrayanika，此部以賢者乃部主之名，胄是苗裔之義，合爲賢阿羅漢的苗裔，從所襲的部主爲名。陳譯爲賢乘部。

③正量部——梵名Sammatiya，陳譯爲正量弟子部。以權衡判定名爲量，量無邪謬，因之爲正。簡言之，乃正確的智識。此部所立甚深法義，審量無邪，以彰部名。

④密林山部——梵名Sannãgarika，該部所住的山林木蓊鬱，繁密茂盛，故稱密林山部，乃從所居處立名。陳譯爲密林住部。《十八部論》譯作六城部。

⑤化地部——梵名Mahiśsãsaka，本部之主本是國王，王所統攝的國界甚廣，更普遍化露地上所有庶民，後王捨國出家，弘宣佛法，化所統地，得阿羅漢，從本爲名。陳譯爲正地部。

⑥法藏部——梵名Dharmaguptaka，音譯曇無德，亦名法密。藏與密之義大致相同。此師含容正法如藏，故從人以立部名。此部師說有五藏：一、經，二、律，三、論，四、咒，五、菩薩藏。陳譯爲法護部。

⑦採菽氏——乃目犍連（Maudgalyãyana）姓氏。陳譯爲勿伽羅。

【論文】至三百年末，從說一切有部復出一部，名飲光部①，亦名善歲部。至第四百年初，從說一切有部復出一部，名經量部②，亦名說轉部，自稱我以慶喜③為師。如是上座部七破或八破，本末別說成十一部：一、說一切有部，二、雪山部，三、犢子部，四、法上部，五、賢胄部，六、正量部，七、密林山部，八、化地部，九、法藏部，十、飲光部，十一、經量部。

【異譯】於此第三百年中，從說一切有部又出一部，名善歲部，亦名飲光弟子部。至第四百年中，從說一切有部又出一部，名說度部，亦名說經部。如是上座弟子部合分成十一部：一、說一切有部，二、雪山住部，三、可住子弟子部，四、法上部，五、賢乘部，六、正量弟子部，七、密林住部，八、正地部，九、法護部，十、善歲部，十一、說度部。

【釋義】及至三百年末，從說一切有部復出一部，名爲飲光部，亦名善歲部。至第四百年初，從說一切有部復流出一部，名爲經量部，亦名爲說轉部，該部自稱是以慶喜爲師。這樣上座部經過七次分破，連根本分裂便是八次分破，本末合說起來，總共分成爲十一部：一、說一切有部，二、說山部，三、犢子部，四、法上部，五、賢胄部，六、正量部，七、密林住部，八、正地部，九、法藏部，十、飲光部，十一、經量部。

【註釋】

①飲光部——梵名Kaśyapiya，音譯爲迦葉維部。陳譯爲飲光弟子部。飲光乃婆羅門姓氏，以上古有仙，身有金光，餘光至側，皆不復現，故名飲光。該部以部主姓氏飲光立名。亦稱善歲部，以此師少歲時，性賢而有德，故名善歲，乃以其名立部。

②經量部——梵名Sautrãntika。陳譯爲說經部。此部師唯依經爲正說，不依律和論。故凡所援據皆引申經藏爲證。即經部師從所立彰部，故名經量部。此部亦稱說轉部，以此部師有種子說，唯有種子現在相續，能從前世轉至後世故。陳譯爲說度部，說此部明五陰從此世能度至後世。在未得聖道前，五陰是不滅的。

③慶喜——即是阿難（Ananda），佛陀堂弟和侍者，以多聞見稱，王舍城結集時，阿難尊者誦出經藏，故經量部學者以慶喜爲師。

第三章 大衆系各部派的思想理論

【論文】如是諸部、本宗末宗、同義異義，我今當說：此中大衆部、一說部、說出世部、雞胤部，本宗同義者，謂四部同說：諸佛世尊皆是出世①，一切如來無有漏法②，諸如來語皆轉法輪③，佛以一音說一切法④，世尊所說無不如義，如來色身實無邊際，如來威力亦無邊際，諸佛壽量亦無邊際，佛化有情，令生淨信，無厭足心。

【異譯】此諸部是執義本，執義有異，我今當說：是執義本者，大衆部、一說部、出世說部，灰山住部。此四部是執義本，此諸部說：一切佛世尊出世，無有如來一法而是有漏，如來所出語皆爲轉法輪，如來一音能說一切法，如來語無不如義，如來色身無邊，如來威德勢力無減，如來壽量無邊，如來教化衆生，令生樂信，無厭足心。

【釋義】在佛教所有根本宗和枝末宗的各部派中，有關相同宗義和不同宗義，作者實有說明的必要。現在先說大衆部、一說部、說出世部和雞胤部的根本宗相同宗義。首先以佛陀爲對象的佛陀觀，以上四部都說：諸佛世尊都是出世間的，一切如來（佛）沒有煩惱（漏）的困擾，所有佛的說話都爲弘揚正教而說。佛以一種音聲宣說一切教法，聽者都能明白，世尊所說的教法是沒有不合正理的。如來的報身是沒有限量的，如來的威德神通力亦是沒有限量的，甚至所有諸佛的壽命亦是沒有限量的。因爲佛的報身是不可思議的緣故，如來在度有情時，能令有情生起淨信，其心情是絲毫沒有厭足的，以有情無量的緣故。

【註釋】

①出世——即出世間。佛家的宇宙觀分爲二大部份，一爲世間界，是凡夫所居之三界六道，生死輪轉。二爲出世間界，係聖人所處之涅槃境界，不生不滅。

②漏法——漏者煩惱義。凡夫爲煩惱所困擾，淪落生死，漏失正道，而聖人煩惱滅盡，無有漏法。

③法輪——佛的教法，謂之法輪。宣說教法，名爲轉法論。例如釋尊成道後，在鹿野苑向五

比丘三轉法論，說四諦法。以佛法能破邪見和煩惱故。

④一切法——佛教將一切法分為世間法（苦集二諦）和出世間法（滅道二諦）。前者為世俗諦，後者為勝義諦。哲學上稱為現象界和本體界。

【論文】佛無睡夢①，如來答問不待思惟②，佛一切時不說名等③，常在定故。然諸有情謂說名等，歡喜踴躍。一剎那心了一切法，一剎那心相應般若④，知一切法。諸佛世尊盡智、無生智⑤，恆常隨轉，乃至般涅槃。

【異譯】如來常無睡眠，如來答問無思維。如來所出語皆令衆生生愛樂心。如來心恆在觀，寂靜不動。如來一心能通一切境界，如來一剎那相應般若，能解一切法。如來盡智、無生智，恆平等隨心而行，乃至無餘涅槃。

【釋義】佛陀並沒有睡夢。如來答覆問題時，不需要時間去思維。佛陀於一切時不須思維名、句、文等。能任運自成應理，宣說言教，因佛陀常在定中。有情之聽法者，謂佛陀為宣說名、句、文等法時，能應理言教，深生歡喜踴躍。

佛陀於一剎那心即能了別一切法的自性和差別相，又一剎那心能與般若智慧相應，然後了知一切法（前者乃明心王了別一切法，後者乃明智慧解知一切法）。諸佛世尊具二無漏智：盡智和無生智，於一切時恆常隨身心相續而轉，無有間斷，直至入般涅槃。

【註釋】

①睡夢——陳譯作睡眠。睡眠是不定心所法之一，令心不自在，昧略爲體性，能障礙「觀」爲業用。古德有「智人無夢」。《大毗婆沙論》說：「夢似顚倒，佛於一切顚倒習氣皆已斷盡，故無有夢。」

②思惟——思惟乃所對之境而分別之。佛陀具有大智，對於問題無須思量分別，能運用自如作答。

③名等——隨於事物而安立爲名。故單名叫名，二名或多名聚集別爲名身，或多名身。句是詞句，多句聚集名多句身。字母，二字或多字聚集名文身，或多文身。佛陀常在定中，所以說法時不需思維名、句、文等，而任運自然應理說教。

④般若（Prajna）——譯爲智慧。大乘六波羅密之一。般若是證諸法實相的智慧，故佛陀乃具

足福德和智慧的大覺者。

⑤盡智和無生智——乃聲聞果十智的最極智，觀現在苦滅名爲盡智，觀未來苦不生是名無生智。聲聞已斷三界的煩惱，乃證知自身已不受後有的智。大乘菩薩則以證無生之理的智名無生智。

【論文】一切菩薩①入母胎中，皆不執受羯剌藍②、頞部曇③、閉尸④、鍵南⑤為自體。一切菩薩入母胎時作白象形，一切菩薩出母胎時，皆從右脅生。一切菩薩不起欲想、恚想、害想。菩薩為欲饒益有情，願生惡趣，隨意能往。

【異譯】一切菩薩入胎中，無有柯羅邏、頞浮陀、卑尸、伽訶那捨佉、波羅捨伽⑥、雞捨盧摩那佉等。菩薩欲入胎時，皆作白象相貌，菩薩出胎，皆從母右脅而生。一切菩薩無貪欲想、無瞋恚想、無逼惱他想。若菩薩有願欲生惡道，以願力故，即得往生。

菩薩爲教化成就衆生故入惡道，不爲煩惱業繫縛，故受此生。

【釋義】一切菩薩入母胎中，成為一個新生命，是要經過許多階段，所以不可執受羯剌藍位、頞部曇位、閉尸位，和鍵南位等為自體，因是漸漸增長故。一切菩薩入母胎的時候，都是作六牙白象形，那並非由惡緣業力而投生的。一切菩薩出胎的時候，皆從母體右脅出生，並不是從不淨處出來的。一切菩薩都不起貪欲想、瞋恚想、損害他人想的，以具慈悲心故。菩薩為了饒益有情，能以願力生於地獄、餓鬼、畜生三惡趣，救度受苦有情，隨其心願，得以前往。

【註釋】

①菩薩——菩薩薩埵（Bodhisattva）的簡稱，意譯為覺有情。凡已發菩提心，作普度有情願，由修菩薩行，便可成為佛陀。

②羯剌南（Kalala）——又曰柯羅邏，譯為雜穢。由父精母血互為因緣，結合成孕後，首七天胚胎凝結成稀薄的生命體，名為「凝滑」。

③頞部曇（arbuda）——又曰頞浮陀，意譯為疱。胚胎成長十四天，已粗成生命的肉體，但尚未成形。

④閉尸（Peśi）——又曰卑尸，或蔽尸，譯為凝結。胚胎在母胎中有二十一天，已成肉體模形，

但形屬柔嫩性質，故名軟肉。

⑤鍵南（Ghana）——又曰羯南，譯爲凝厚。胎兒已經過二十八天的生長，形成堅厚的肉體，成爲硬肉，初具人體形狀。

⑥波羅捨伽（Prasakha）——又曰缽羅奢佉。胎兒已有三十五天的成長，生出四肢。

【論文】以一剎那現觀邊智①遍知四諦②諸相差別，眼等五識身③有染有離染，色、無色界具六識身，五種色根④肉團為體，眼不見色，耳不聞聲，鼻不嗅香，舌不嘗味，身不覺觸。在等引⑤位有發語言，亦要有調伏心，亦有諍作意⑥。

【異譯】一心正對觀四聖諦。一智通四聖諦及四聖諦相，五識中有染淨，色、無色界亦有六識聚，五根即是肉團，眼不見色，乃至身不覺觸。若心在定，亦得有語。折伏心恆有，相懷心恆有，是故凡夫有上下。

【釋義】菩薩在見道後，一剎那的時間可以現觀邊智，能夠遍知四諦法的差別相，眼識身、耳識身，鼻識身，舌識身，身識身的五識身有染污（有漏）和有離染污（無漏）的作用。在色界和無色界裡，有情都同將具有六識身的。眼色根、耳色根、鼻色根，舌色根，身色根的五種色根乃以肉團爲體，並沒有攝取五境相的作用。所以眼根不能見色，耳根不能聞聲，鼻根不能嗅香，舌根不能嚐味，身根不能覺觸，只有六識才有這種功能。有情在定心中，有發語言聲，亦有調伏心，以緣定境時，其心柔順，亦有諍作意。

【註釋】

①現觀邊智——是現觀苦邊、集邊、滅邊而得此智故。即見道現前觀察的後邊所得的類智（世俗智）。

②四諦——亦名四聖諦（Catvãri-ãrya-satyãm），乃佛教最基本的道理。即是苦（Dukha）諦、集（Samudaya）諦、滅（Nirodha）諦和道（Mãrga）諦。苦諦是逼迫性（果），集諦是招感性（苦之因），滅諦是可證性（果），道諦是修習性（滅之因）。

③五識身——是眼識身、耳識身、鼻識身、舌識身、身識身。有了別色、聲、香、味、觸五塵的功能。

④五種色根——是眼色根、耳色根、鼻色根、舌色根、身色根。有攝取五境相的作用，而能

生起五識的功能。此乃五根以淨色爲體。

⑤等引位——即是定位。梵名三摩呬多（Samãhita），等乃身心之安和平等。人若修定，則依定力而引生此等，故名等引。

⑥諍作意——諍者乃心緣定境時，散境剛強，非枉調順，故當緣散境心時，名爲諍作意。

【論文】所作已辦①，無容受法；諸預流者②，心心所法能了自性。有阿羅漢為餘所誘，猶有無知，亦有猶豫，他令悟入，道因聲起，苦能引道，苦言能助，慧③為加行，能滅衆苦，亦能引樂，苦亦是食④。

【異譯】已成就法無處所，須甦多阿半那心及心法知有自性。有阿羅漢多他以不淨，染污其衣。阿羅漢多有無知，有疑惑，有他度。聖道亦爲言所顯，說苦亦是道，說苦亦是因。般若相應滅苦，苦受亦是食。

【釋義】阿羅漢所應作的事，諸漏已盡，梵行已立，經已圓滿辦妥，更沒有其他容納領受的法。而初果聖者，他的心和心所，可在一剎那間能了知自性。同意阿羅漢能爲天魔所繞，故有不淨漏失。阿羅漢猶有不染污無知，亦不能自知。

阿羅漢對四諦理猶有猶豫疑惑，阿羅漢須由師令他證入解脫。而聖道須由稱苦才可生起。以苦能引起有情向道之心，因此苦便可以助聖者成就無學聖位。般若智慧在加行位中見道後，能滅除衆苦，引伸快樂。世間地獄有情乃以苦受爲段食，而資養生命。

【註釋】

①所作已辦——即是無學的「諸漏已盡，梵行已立，所作已辦，不受後有」，成就阿羅漢果位的聖者。阿羅漢——梵文Arhat，小乘佛教聲聞乘修行的最高果位。故稱無學。已盡斷三界見、修二惑。有三義：一、殺賊；乃殺盡煩惱之賊。二、應供，當受人天供養；三、不生，永入涅槃，不再受生死果報。

②預流——即聲聞乘聖者的初果，預流者乃須陀洹果(Srotaapãnna-phala)，預入聖者之流。陳譯爲須氍多阿半那。

③慧——智慧之簡稱，佛教修行的三學爲戒律、禪定和智慧，亦可分作聞慧、思慧和修慧三方面成就。

④食有四種——即是段食、觸食、思食和識食，係維持有情生命存在的作用。

【論文】第八地①中亦得久住，乃至性地法②皆可說有退。預流者有退義，阿羅漢無退義，無世間正見，無世間信根，無無記法③，入正性離生④時，可說斷一切結。諸預流者，造一切惡，唯除無間⑤。

【異譯】第八亦久住，乃至性法退。須甦多阿半那退法，阿羅漢多不退法，世間無正見，世間無信根，無無記法，若人入正定，一切結滅。須甦多阿半那能作一切惡，唯不作五逆。

【釋義】小乘聖者在初果向位時，可以久住，受人施供。小乘修行者從發心到性地法（世第一法），皆可說有退。初果聖者因所修聖法尚未圓滿，故仍有退義。但阿羅漢經已斷惑證滅，因此無退義，無世間正見（無漏慧），無世間信根（堅信正理），無無記法，只有善惡二法。入見道位時，可以斷除一切煩惱（見惑）。已證初果的聖者，仍有造一切惡（十惡業）的可能，但不造五無間業。

【註釋】

①第八地——小乘聖者果位有八，四向四果；順數從初果向至四果，逆數從四果至初果向。此處乃逆數，即初果向位。

②性地法——即四加行位中四善根最後的世第一法，屬於小乘世間修行的最高階段。大衆部說有退轉，而有部則說無有退轉。

③無記法——三性中的非善非惡性名爲無記法。善業感樂果，惡業招苦報，非善非惡業感無記性果報。大衆部以心性本淨說，故無無記法；有部卻以心性無記論，故說有無記法。

④正性離生——即在四加行位四善根後八見道位，名爲正性離生。

⑤無間——是指五無間業：乃殺父、殺母、殺阿羅漢、破和合僧和出佛身血的五種極重業，造者可墮入無間地獄中受極苦報。

【論文】佛所說經皆了義。無為法①有九種：一、擇滅②，二、非擇滅③，三、虛空④，四、空無邊處，五、識無邊處，六、無所有處，七、非想非非想處⑤，八、緣起支性⑥，九、聖道支性⑦。心性本淨，客塵隨煩惱之所雜染，說為不淨。

【異譯】一切諸經無不了義。無爲法有九種：一、思擇滅，二、非思擇滅，三、虛空，四、空處，五、識處，六、無所有處，七、非想非非想處，八、十二因緣生分，九、八聖道分。心者自性清淨，客塵所汙。

【釋義】佛陀所說的一切經都是屬於究竟義理的。無爲法有九種：一、擇滅無爲，二、非擇滅無爲，三、虛空無爲，四、空無邊處無爲，五、識無邊處無爲，六、無所有處無爲，七、非想非非想處無爲，八、緣起支性無爲，九、聖道支性無爲。有情的心性本來是清淨的，但爲汙垢的客塵隨煩惱所雜染，故說爲不淨。

【註釋】

①無爲法——乃不由因緣和合而造作的法，是一切法的理體，又名眞如等。《俱舍論》立三無爲：一、擇滅，二、非擇滅，三、虛空。《大乘唯識論》立六無爲：一、虛空，二、擇滅，三、非擇滅，四、不動，五、想受滅，六、眞如。而九無爲乃大衆部所主張的。

②擇滅無爲——乃依智慧的簡擇力斷除煩惱，而能得到寂滅，名爲擇滅無爲。

③非擇滅無爲——非依智慧的簡擇力，但於缺乏因緣生法而顯的寂滅體，以法不生故，名爲

非擇滅無爲。

④虛空無爲——這種無爲法以無礙爲自性。無論任何法，無礙亦無被礙，其相如虛空，不藉因緣，本自存在的，名爲虛空無爲。

⑤空無邊處、識無邊處、無所有處、非想非非想處四無爲——此乃四無色界的四種無爲，爲四無色界所依之處，以住處並無隔礙故。行者修四無色定，上生無色界，則有無爲法（理則）爲其所依處。

⑥緣起支性無爲——陳譯爲十二因緣生分無爲。以十二緣起支分是有爲攝，理是無爲。緣起法是常住不變的理則，故名爲緣起支性無爲。

⑦聖道支性無爲——陳譯爲八聖道分無爲。以聖道性能離染，理是常一，故八聖道亦是常住不變的理則，所以名爲聖道支性無爲。

【論文】隨眠①非心，非心所法，亦無所緣。隨眠異纏②，纏異隨眠。應說隨眠與心不相應，纏與心相應。過去未來非實有體。一切法處③非所知，非所識，是所通達。都無中有④。諸預流者亦得靜慮，如是等是本宗同義。

【異譯】一、隨眠煩惱，二、倒起煩惱。隨眠煩惱非心，非心法，無所緣。隨眠煩惱異，倒起煩惱異。隨眠煩惱與心相離，倒起煩惱與心相應。過去未來是無，現在是有。法入非所知、非所識。中陰是無，須氀多阿半那得定，此四部是執義本。

【釋義】隨眠不是心法，也不是心所法。因此，就沒有所緣的境。隨眠和纏是不相同的，纏和隨眠亦是不相同，所以應說隨眠和心並不相應，而纏和心則相應。過去未來都沒有實體，只是現在有體用，故是實有。一切法處體性微妙，非是普通凡夫所能了知、所能認識、可以通達的。至於中有，可說是並無，因為死後即生，不需有中有故。所有預流雖未得聖果，但是亦得根本靜慮。以上所說的見解，乃是大衆部、一說部、說出世部和雞胤部的本宗相同宗義。

【註釋】

①隨眠——煩惱的異名。以貪瞋等煩惱能隨逐有情而不捨離。況且，煩惱的體狀，幽微而難了知，猶如睡眠的體狀一樣，故合稱為隨眠。六隨眠為貪、瞋、慢、無明、見、疑。但大

衆部分別系認爲隨眠係潛在的煩惱，所以不屬於心、心所法，故與心不相應。

②纏——亦是煩惱的異名。因爲煩惱能纏縛有情，使心身都不自在故。十纏就是無慚、無愧、嫉、慳、悔、眠、掉舉、惛沈、忿、覆等，都是屬於心所法，故與心相應。

③法處——佛家將宇宙人生分析爲蘊、處、界三科。十二處中包括法處，係意根所緣的境界（法處），而生起意識所了別的對象。

④中有——亦名中陰，乃現生和當生中間的果報。關於中有的有無問題，各部派有不同的意見。

【論文】此四部末宗異義者，如如①聖諦、諸相差別，如是如是②，有別現觀。有少法③是自所作，有少法是他所作，有少法是俱所作，有少法從衆緣生。有於一時二心俱起，道與煩惱容俱現前，業與異熟④有俱時轉。種即為芽，色根大種有轉變義，心心所法無轉變義。心遍於身，心隨依境，卷舒可得。諸如是等末宗所執，展轉差別有無量義。

【異譯】執異義者，大衆部執義異餘三部。四聖諦悉眞實，有如如對。可讚行有苦，是自所作有苦，是他所作有苦，是兩所作有苦，非兩所作有苦。依因緣生，有不依因緣生。一時中有多心和合，道與煩惱並起，業與果並起。種子即是芽，六根四大轉異，心心法不轉異。心遍滿身心增長。應知有如是諸義，諸部信樂不同，各有所執，是名執義異。

【釋義】此四部末宗的不同思想有下列各種：所觀的境，四聖諦之相狀，各宗有不同差別，而能觀四聖諦之智亦有各宗的分別觀察，故有不同的相狀。如本宗以現觀邊智觀（四心觀），而末宗乃以眞現觀智觀（十六心觀）。末宗執有少法是自所作的，有少法是他所作的，有少法是自他俱所作的，亦有少法是從衆緣而生的。末宗以有於同一時期，二心可同時俱起，只要條件具備便行了，以別於本宗諸識各別念生。末宗以聖道和煩惱可以一同存在，乃別於本宗的二者定不能並存的見解。業和異熟有時俱轉，此是別於餘宗二者定不同時俱轉的。種子可以生芽，即是種子轉變爲芽，因此，種子即芽。以別於餘宗種子滅，然後芽方生的說法。一切法分爲色、心兩大類。色法的六根四大種有轉變的形態，可是，心法和心所法並無轉變義，只是刹那生滅義。細意識（心）遍於身住。

心識乃依根的大小，又緣境的大小，是可以舒展和卷縮而緣的，故既無先所定。此乃別異於諸宗的識等所緣大境小境，是依大根小根，都是先所定。以上所說的各種見解，乃是末宗所執，而展轉差別，尚有無量部執多種，未能廣引。

【註釋】

①如如——乃所觀的境，即四聖諦理。

②如是如是——是能觀四聖諦之智。

③少法——奘譯未指明是甚麼法，但諦譯則指是「苦」，即是苦果，是自所作，他所作，自他所作，非自他所作。

④異熟——舊譯果報。依過去善惡業而得果報的總名。以果異於因之性質而成熟，故名爲異熟。

【論文】其多聞部本宗同義：謂佛五音①是出世教②：一、無常、二、苦，三、空，四、無我③，五、涅槃寂靜④，此五能引出離道故。如來餘音是世間教。有阿羅漢爲餘所誘，猶有無知，亦有猶豫，他會悟入，道因聲起，餘所執多同說一切有部。

【異譯】多聞部是執義本：如來五鳴應說出世，五鳴者，謂無常、苦、空、無我、寂靜涅槃。此五鳴是正出世道。如來餘鳴是世間道。有阿羅漢多他以不淨染污其衣，阿羅漢多有無知，有疑惑，有他度，聖道亦爲言所顯，餘所執與說一切有部所執相似。

【釋義】多聞部是從大衆部分出的，它的主張與本宗相同見解的有多種，認爲佛陀所說的出世間教法有五種：一是無常，二是苦，三是空，四是無我，五是涅槃寂靜。因爲這五種道理能夠引世人出離世俗境界，而其他的教法便屬於世間的教法。所以佛陀的教法並不是全部無漏，或是有漏的。此部是同意「大天五事」所說的：認爲阿羅漢仍爲天魔所誘漏失不淨，猶有不染污無知，亦有處非處猶疑，阿羅漢要由師才能證入，聖道因苦聲然後生起的。其他的見解部執多同說一切有部。

【註釋】

①五音——佛陀是用音聲去說教的，因此以聲爲教體。五音就是五種道理的聲音：無常、苦、

空、無我、和涅槃寂靜。

②出世教——出世教有別於世間教，前者是無漏（煩惱）的和眞實的（眞諦）；而後者爲有漏的、虛妄的（俗諦）。

③無常、苦、空、無我——佛法認爲世間的現象皆從因緣法而生的，所以諸行是無常，故有苦，諸法是無我，故空。前者在時間上說，後者於空間而言。即是佛說：「此有故彼有，此無彼亦無，此生故彼生，此滅彼亦滅」的道理。

④涅槃寂靜——乃出世間的現象，聖者的境界。凡證得諸行無常、諸法無我的空理，便會趣入涅槃寂靜，因爲是一切煩惱和業已經熄滅的結果。

【論文】其說假部本宗同義：謂苦非蘊①，十二處②非真實。諸行③相待，展轉和合，假名為苦。無士夫用④。無非時死⑤，先業所得。業增長為因，有異熟果轉。由福故得聖道，道不可修，道不可壞，餘義多同大衆部執。

【異譯】分別説部是執義本：苦非是陰，一切入不成就，一切有爲法相待假，故立名苦。無人功力、無非時節死。一切所得先業造。增長因果能生業。一切諸苦從業生。聖道由福德得，聖道非修得。餘所執與大衆部所執相似。

【釋義】說假部（陳譯分別說部）亦從大衆部流出，它的見解與本宗相同的有下面多種：苦不以蘊爲體，而是苦性與蘊的和合假立。十二處並非眞實，惟有五蘊、十八界才是實有。諸行（有爲法）乃相待而有，當因緣輾轉和合，便有假名爲苦，但不是眞實苦。士夫（人）沒有造作的功能。沒有所謂非時死，此爲過去所作的業力所引致，此乃對有部之有非時死說。由於業力增長爲因，便有生起未來的果報。聖道由修福而得，而不是由修慧可以得到。若修成聖道後，便不可能壞滅。其他宗義多與大衆部相同。

【註釋】

①蘊——梵名塞犍陀（Skandha），以積集爲義。舊譯陰，蔭覆之意。五蘊乃色、受、想、行和識。五種積聚合成生命個體。前一蘊爲色法，後四蘊乃心法。

②處——舊譯入。十二處乃眼、耳、鼻、舌、身、意根處（內六處）、和色、聲、香、味、

觸、法境（外六處），係佛家用以斥破外道和凡夫的我執。

③諸行——即有爲法，行者遷流之義。以生自因緣、遷流三世之謂，乃世間的現象。

④士夫用——士夫，梵名富樓沙（Purusa），又譯爲丈夫。即人之別稱。士夫用乃是人的作用。

⑤非時死——死非其時，由於橫緣而死，乃意外之死。

【論文】其制多山部、西山住部、北山住部，如是三部本宗同義：謂諸菩薩不脫惡趣①，於窣堵波②興供養業，不得大果。有阿羅漢為餘所誘此等五事，及餘義門，所執多同大衆部說。

【異譯】支提山部、北山部，此二部是執義本：菩薩不脫惡道。薮斗陂中恭敬事得報少。有阿羅漢多他以不淨染污其衣，阿羅漢多有無知，有疑惑，有他度，聖道亦爲言所顯。餘所執與大衆部所執相似。

【釋義】尚有大衆部其餘的制多山部、西山住部和北山住部，三部的本宗相同見解者，謂諸菩薩若未得忍位者，是仍會墮入惡趣。對於供養無情的窣堵波（塔），施者是不能得到廣大的果報。至於阿羅漢爲天魔所誘的「大天五事」，和其他的見解，本宗所主張多與大衆部相同。

【註釋】

①惡趣——趣者趣向義，有情以所作的十惡業而淪爲地獄、餓鬼和畜生的三惡道，招感應得的苦果報。

②窣堵波——梵名（Stupa），譯作高勝處，舊譯爲塔婆、浮圖，其中奉安佛物或經文，又有將佛舍利、牙、髮安置其中，以供後人供養和瞻仰者。陳譯爲藪斗陂。

第四章　有部系各部派的思想理論

【論文】其說一切有部本宗同義者：謂一切有部諸是有者，皆二所攝：一、名，二、色①。過去、未來體亦實有。一切法處②皆是所知，亦是所識及所通達。生、老、住、無常相，心不相應行蘊③所攝。有為事④有三種，無為事亦有三種。三有為相別有實體。三諦是有為，一諦是無為。

【異譯】說一切有部是執義本：一切有如有，如是，兩法攝一切。過去、現在、未來是有。一依正說，二依二法，三依有境界，四依有果。法入有三：所識、所知、所通達。生、老、住、無常是行，與心不相應行陰所攝。有爲種類三，無爲種類三；有爲相三，無爲相三。四諦中三諦有爲，一諦無爲。

【釋義】說一切有部的本宗相同義者，認爲說一切有部主張一切法是實有的。

一切法包括下面兩者在內：一者是名（非色——精神界），二者爲色（色——物質界）。過去和未來諸法，亦如現在諸法的存在，自體都是實有的。一切法處都是心所知，亦是心所識和通達眞理。至於生、老、住、無常都是心不相應行蘊所攝，這是與經部認爲並非行蘊所攝相異。有爲事有三種，即是過去、現在、未來的三世。無爲事亦有三種，乃擇滅、非擇滅和虛空。三有爲相，乃生相、住異相、和滅相，分別有實體的。四諦中的苦諦、集諦和道諦是有爲法，因爲都是因緣而造作的。其餘的滅諦是無爲法，乃非因緣所造作的緣故。

【註釋】

①名色——名和色係五蘊的組合，以受、想、行、識四蘊爲名，皆心識的法，而無形體可見，但以名而知之。色蘊爲色、爲極微所成，有質礙的物體，故名爲色。

②一切法處——即是法境處，爲意根的對象。包括心所法、不相應行法、無爲法、無表色等。

③心不相應行蘊——心不相應行，屬行蘊，乃假心法、心所法、色法之分位而假立者，《俱舍》有十四種，唯識有二十四種。

④有爲事和無爲事——前者即現象界的有爲法，後者乃本體界的無爲法。

【論文】四聖諦漸現觀。依空、無願、二三摩地①，俱容得入正性離生②。思惟欲得入正性離生，若已得入正性離生，十五心頃說名行向，第十六心③說名住果。

【異譯】四諦次第觀，若人欲入正定，必緣空解脫門；無願解脫門，得入正定。若觀欲界相應諸行，得入正定。若人已入正定，在十五心中，名須甦多阿半那向，若至第十六心，名須甦多阿半那。

【釋義】若果依空三摩地和無願三摩地，俱能得入正性離生。欲得入正性離生，應該思惟欲界苦諦的無我和無常等行相相應的正定。若已得入正性離生，在十五心爲行向初果，而十六心名爲初果位。

【註釋】

①三摩地（Samȧdhi）——舊譯三昧，義爲定、等持。空三摩地是與苦諦之空、無我相應的三摩地。無願三摩地乃與苦諦之空、無常相應的三摩地。

②正性離生——陳譯爲正定，是解脫門的無漏定。

③十六心——觀四諦十六行相（八忍八智）時，以前之十五心為見道，後一心（第十六心）為修道。前者為須陀洹向，後者乃須陀洹果（初果）。

【論文】世第一法①一心三品②，世第一法定不可退。預流者③無退義，阿羅漢有退義，非諸阿羅漢皆得無生智④。異生⑤能斷欲貪瞋恚。有諸外道能得五通⑥，亦有天中住梵行者。

【異譯】世第一法一刹那心，三方便有退義。世第一法無退義，須氀多阿半那無退義。阿羅漢多有退義。一切阿羅漢多不盡得無生智。凡夫亦能捨欲及瞋。外道得五通。天亦有夫嵐摩⑦。

【釋義】在世第一法位中有一心三品，即上品佛種姓，中品獨覺種姓，下品聲聞種姓，以別於大衆部的多念三品說的。世第一法定不可退轉，不同大衆部的可退說。預流者亦無退義，異於大衆部認為預流果亦有退轉說，暫時解脫的阿羅漢有退義，亦別於大衆部的阿羅漢無退說，並非諸阿羅漢都可以得無生智。異生若修不淨、慈悲等觀，能斷除貪欲和瞋恚的煩惱，此乃對化地部及經量部的不斷而說。有些外道亦能得五通的，這是對雪山、化地、法藏三部派的無諸外道得五通而說。天中亦有住梵行者，亦是異於雪山和化地部所說無天中住梵行者。

【註釋】

①世第一法——此是加行位四善根的第四位，屬世俗法之第一，乃有漏智的最極，雖仍屬世間，但為世間中最勝者。

②三品——乃指佛種姓為上品、獨覺種姓為中品，和聲聞種姓為下品三種。

③預流——即聲聞四果的初果位，梵名須陀洹（Srota），意為預入聖者之流。

④無生智——為聲聞果十智的第十，為阿羅漢的最極智。

⑤異生——即是凡夫的異名，以各種有情受生有異。由無明故，隨業受報，不得自在，墮於六趣受生，色心差別，故名異生。

⑥五通——五種神通：一、天眼通，二、天耳通，三、他心通，四、宿命通，五、神境通。

⑦夫嵐摩——即婆羅門（Brãhmana）的異譯。義譯淨行，乃承習梵天法者，事奉大梵天而修淨行。

【論文】七等至①中覺支②可得，非餘等至。一切靜慮皆念住③攝。不依靜慮，得入正性離生，亦得阿羅漢果。若依色界、無色界身，雖能證得阿羅漢果，而不能入正性離生，依欲界身，非但能入正性離生，亦能證得阿羅漢果。

【異譯】於七定有覺分，餘定則無。一切諸定無不是四念處所攝。若不依定得入正定，亦得阿羅漢多。依色界、無色界心，得阿羅漢多，不得入正定。欲界中得入正定，亦得阿羅漢多。

【釋義】於四色界定和三無色界定（除非想非非想定）的七定中，亦有覺支可得，並非如其他部派的欲界和無色界（連非想非非想處）亦有覺支可得之說，一切靜慮（禪定）都是在念住所攝。有不依靜慮，亦得入正性離生，亦可得阿羅漢果者。在三界中，若依色界和無色界的有情身，雖能證得阿羅漢果，而不得入正性離生。但依欲界身，非但能入正性離生，亦能證得阿羅漢果者。

【註釋】

①七等至——乃四禪定（色界定）和空無邊處定、識無邊處定，以及無所有處定（三無色界定）。

②覺支——覺支爲七覺支的略稱。七覺支是：一、擇法覺支，二、精進覺支，三、喜覺支，四、輕安覺支，五、念覺支，六、定覺支，七、行捨覺支，亦名七菩提分，爲三十七道品七科之其中一科。

③念住——即四念住，或四念處。四念住爲身念住、受念住、心念住和法念住。小乘人修四念住觀屬於慧學，乃三十道品七科中其中一科。

【論文】北俱盧洲①無離染者，聖不生彼及無想天②。四沙門果非定漸得。若先已入正性離生，依世俗道有證一來③乃不還果④。

【異譯】鬱多羅鳩婁無離欲人，聖人不生彼處。聖人亦不生無想天。不必定次第得聖道四果。若人已入正定，依世道得至婆凡里陀加寐，阿那伽寐。

【釋義】北俱盧洲的有情以純樂無苦故，沒有一人是要離染的，所以聖者也就不願意在北俱盧洲出生，去教化他們，即如無想天亦是一樣，令聖者卻步。至於四沙門果並非一定漸得的。如果聖者已先入正性離生，可依世俗道斷除思惑，而能證得一來果和不還果。

【註釋】

①北俱盧洲（Uttara-kuru）——在須彌山的北方，洲形四方，屬四大部洲之一。舊譯為鬱單越，或鬱多羅鳩婁。彼洲人民安樂，壽足千年，惟無佛道可聞。

②無想天——無想有情的天處，上座部將之攝於第四禪天的廣果天之上。但說一切有部則攝之於廣果天。

③一來果——梵名斯陀含果（Sakradāgāmi-phala）。乃聲聞乘四果的第二果。尚要於欲界的人間，或天界的六欲天受生，一度來往。陳譯為婆凡里陀加寐。

④不還果——梵名阿那含果（Anāgami-phala），舊譯不來，以不再還來欲界之謂，以後受生則必為色界或無色界。陳譯為阿那伽寐。

【論文】可說四念住能攝一切法。一切隨眠皆是心所，與心相應，有所緣境。一切隨眠皆纏所攝，非一切纏皆隨眠攝。緣起支性①定是有為，亦有

緣起支隨阿羅漢轉，有阿羅漢增長福業。

【異譯】四念處可說一切法，隨眠煩惱是心法，與心相應，一切隨眠煩惱可立倒起名，不可立隨眠名。十二緣生是有爲，十二緣生分亦有隨阿羅漢多行，阿羅漢多亦有福德增長。

【釋義】四念住可說能攝一切法，身念住攝色蘊、受念住攝受蘊、心念住攝識蘊、法念住攝想蘊和行蘊。一切隨眠都是心所，與心相應，以有所緣的境界故，這是與大衆等四部所說，隨眠與心不相應，纏與心相應等主張相違。一切隨眠皆纏所攝。非一切纏皆隨眠攝，這亦與大衆部等所主張隨眠異纏、纏異隨眠不相同。緣起支性定是有爲，因屬於世間因果道理，亦有緣起支隨阿羅漢轉，以逆生死觀，觀無漏的正慧爲因，正行爲緣，得證涅槃果之相，另有阿羅漢能增長福業之說，更造新福，以延長生命。

【註釋】

①緣起支性——即十二有支，以無明支（惑）緣行支（作業）生起識支、名色支、六入支、觸支、受支（現世苦果）。再以愛支和取支（現在苦因）緣有支（作業），又生起未來的

生支和老死支（果）。

【論文】唯欲、色界定有中有。眼等五識身有染無離染。但取自相，唯無分別。心、心所法體各實有，心及心所定有所緣。自性不與自性相應。心不與心相應。有世間正見。有世間信根①。有無記法。

【異譯】欲、色界中有中陰，五識現起時，得生欲，不得離欲。五識執別相，無分別。有心及助心法，心及助心法，定有境界。自性與自性不相應。心與心不相應。世間有正見，世間有信根。有無記法。

【釋義】唯是欲界、色界定有中有，這是異於大衆部所說都無中有的說法。眼等五識身是有雜染而無離染，此亦與大衆部所說眼等五識身有雜染亦有離染不相同。心和心所法的自體各是實有，這是對經部和譬喻部等主張心所無各別自體而說。況且，心和心所法定有所緣境。自性與自性不能相應，心與心亦不能相應。因自性只與他性相應，而心只與心所相應而已。並認爲有世間正見、有世間信根，和有無記法。而與大衆部的見解無世間正見、無世間信根，與無無記法大有差別。

【註釋】

①信根——屬於三十七道品中的五根之一，五根者，爲信根、精進根、念根、定根和慧根。

【論文】諸阿羅漢亦有非學、非無學法①，諸阿羅漢皆得靜慮，非皆能起靜慮現前。有阿羅漢猶受故業。有諸異生住善心死。在等引②位必不命終。佛與二乘解脫無異。三乘③聖道各有差別。佛慈悲等不緣有情，執有有情不得解脫。

【異譯】阿羅漢多無有學法。一切阿羅漢多皆得定，一切阿羅漢多不皆證定，阿羅漢多有宿業猶得報。一切凡夫亦有在善心死。若人正在定，必定不死。如來與弟子惑滅無異，如來慈悲不取衆生作境界。若人執衆生相解脫意，不得成就。

【釋義】有些學派以阿羅漢都是無漏的，而有部認爲阿羅漢有些是無漏的（非學），但有些是有漏的（非無學）。阿羅漢都能得到根本靜慮，但是並非都能得生起靜慮現前。有阿羅漢仍會受業報的，這是和大衆部所說阿羅漢不會受報相異。有些衆生於臨命終時是住善心而死的，若他在等引位時，必不會死，只是在散心位時才會死的。佛陀和聲聞及緣覺是同樣的解脫煩惱和破我執並無差別，可是三乘所證的聖道就不同。分別爲阿羅漢果、辟支佛果和正覺佛果。佛陀慈悲平等不緣實有的有情，因爲若執着實有的有情，便不得解脫。

【註釋】

①非學非無學——非學法是無漏法，非無學法是有漏法。

②等引——定之別名，在定心專注之性曰等引。人若修定，則依定力而引生此等位（身心平等）。

③三乘——於小乘的聲聞乘和緣覺乘的二乘外，增加一菩薩乘，名爲三乘。

【論文】應言菩薩猶是異生，諸結①未斷，若已入正性離生，於異生地未名超越。有情但依現有執受相續假立。說一切行皆剎那滅，定無少法能從前世轉至後世，但有世俗補特迦羅②說有移轉。活時行攝即無餘滅，無轉變緒蘊。有出世靜慮。尋③亦有無漏。有善是有因，等引位中無發語者。

【異譯】一切菩薩定是凡夫具九結，若菩薩已入正定者，未度凡夫地。是所取相續假名衆生。一切行刹尼柯，無有法從此世至後世。依世假名，説弗伽羅度人。正法時行聚滅無餘，諸陰無變異，有出世定，有諸覺是無漏，有善是有因，若人正在定則無語。

【釋義】大衆部以地上菩薩是爲聖者，但說一切有部則不承認，以地上菩薩猶是異生而已，因爲他的諸結尚未能斷除。若果菩薩悟入正定，仍是位於凡夫地，未可以說名爲超越。有情是依現在的執受相續而假名的，並不是有一個實在的我體名爲有情。一切諸行都是有爲法，因此刹那生滅、變易無常的。這是針對有些部派說非刹那生滅，永遠連續的理論而說的。實無有少法能從前世轉至後世，但只有假名的世俗補特迦羅五蘊才可以有移轉，建立業果輪迴，因爲衆生的色心和合體是刹那生滅的，這是對經量部的勝義補特迦羅有轉移而相異，這個假有的補特迦羅藉五蘊法在生命體存在時，屬於有爲諸行所攝，所以在一刹那間，無有餘的息滅，沒有少許的有爲諸行，無不歸於滅的，因此沒有實在的五蘊法，可以從前世轉變至後世的。有部主張有出世靜慮，與化地部的無出世靜慮不同。有部主張尋亦有無漏，但化地部則說無無漏尋伺，因爲出世靜慮是與出世間無漏聖道相應的，而無漏定亦是與尋相應的。有部說善可以爲三有之因，感生天的果報，至於在等引位中，無發語言者，因其時五識已全部不起故，並非有如大衆部所主張的在等引位中，有發語言者。

【註釋】

①結——煩惱的異名，能結縛生死，令不得解脫。

②補特迦羅——梵名Padgala，或福迦羅，陳譯爲弗迦羅。義爲數取趣，以數數取着諸趣故，或死於此，能生於彼。又翻爲人，或有情。

③尋——爲佛家所說的心理活動之一。由思與慧於事或理不深推度名尋，反之於事與理能深推度名伺。這裡是說，當有此心理活動時，亦可無漏。

【論文】八支聖道是正法輪。非如來語皆為轉法輪。非佛一音能說一切法，世尊亦有不如義言，佛所說經非皆了義，佛自說有不了義經，此等皆為本宗同義，末宗異義其類無邊。

【異譯】八分聖道是名法輪，世尊一切語不皆是轉法輪。一音不具說一切法，一切語不皆如義。一切經不盡是了義，有經不了義，說一切有部是執此義本，更有執異則無窮。

【釋義】大衆部認爲諸如來語皆轉法輪，即是聖道，就是法輪，因此佛陀在菩提樹下已轉法輪。但說一切有部卻說：佛陀在鹿野苑說八支聖道是正法輪，是謂初轉法輪，因此非如來語皆爲轉法輪。大衆部謂佛以一音說一切法，世尊所說無不如義。而說一切有部則說：非佛一音說一切法，世尊亦有不如義言。因爲佛陀不能以一音中說出一切法義，在時間上亦有先後之分。況且，佛陀有時亦有密意語說不如義的法。佛陀所說的經有了義，有不了義，即是有究竟顯理的，有不究竟顯理的分別。所以佛教有依了義、不依不了義經的抉擇。像以上所說的都是說一切有部的本宗同義，至於末宗不同義的，其種類很多，不能盡錄出來。

【論文】其雪山部本宗同義：謂諸菩薩猶是異生，菩薩入胎不起貪愛。無諸外道能得五通，亦無天中住梵行者。有阿羅漢為餘所誘，猶有無知，亦有猶豫、他令悟入，道因聲起，餘所執多同說一切有部。

【異譯】雪山部是執義本：菩薩是凡夫。無有貪受生，不爲胎等所裹，外道無五通。天無夫嵐摩，有阿羅漢多，他以不淨染汚其衣，阿羅漢多有無知，有疑惑，有他度，聖道亦爲言所顯，餘所執與說一切有部所執相似。

【釋義】由上座部分出來的雪山部的本宗同義，有說諸菩薩仍然是異生，這是與說一切有部稱菩薩在三劫至百劫俱是異生說同，因菩薩仍有修惑未斷故。至於菩薩入胎是不會起貪愛的。有部主張有諸外道能得五通，亦有天中住梵行者，而雪山部則有不同的見解，以諸外道無能得五通，因爲外道不是由正法修道，所以不能得五通；亦以天中無住梵行者，因在天中的有情未離欲故，很容易受到天女的誘惑，所以離欲的聖者都不生欲天。有關大天五事，雪山部和大衆四部，及大衆部分出的多聞部和制多山三部，都同意阿羅漢爲天魔所誘，猶有不染污無知，猶有疑惑，爲他人令悟入，聖道因苦聲起的五事。其他理論多與有部所執相同。

【論文】其犢子部本宗同義：謂補特迦羅非即蘊離蘊，依蘊處界假施設名。諸行有暫住，亦有刹那滅。諸法若離補特迦羅，無從前世轉至後世，依補特迦羅可說有移轉。

【異譯】可住子部是執義本：非即五陰是人，非異五陰是人。攝陰界入故，立人等假名。有三種假：一攝一切假，二攝一分假，三攝滅度假。一切有爲法，刹那刹那滅，離色無有一法從此世至後世，可說人有移。

【釋義】由說一切有部分出的犢子部之本宗同義有：補特迦羅並非即是五蘊，亦非是離五蘊而有的，以其體與蘊不一不異，乃是依蘊、處、界假立施設名而已，因而建立不可說我。一切有爲法諸行，有時暫住，例如色法方面，亦有刹那滅的，例如心法方面，此部建立補特迦羅我，爲有情可以作爲從前世移轉至後世的依據。這種說法是與佛法的補特迦羅無我（人無我）相異。

【論文】亦有外道能得五通，五識無染亦非離染。若斷欲界修所斷結，名為離欲。非見所斷。即忍、名、相、世第一法，名能趣入正性離生。若已得入正性離生，十二心頃說名行向，第十三心說名住果①。有如是等多差別義。

【異譯】外道有五通，若人正生五識，無欲、無離欲。欲界相應諸結，修道所破，若人能斷則得離欲。欲界見道所破，則不如是。忍、名、相、世第一法，此四位名正定。若人已入正定，在十二心中是名須甦多阿半那向，至第十三心，名須甦多阿半那。「一切衆生有二種失：一、意失，二、事失。生死有兩種因最上：一煩惱，二業。二種法是解脫最上因：謂毘鉢舍那、奢摩他。若不依自體增上緣漸羞，正法則不屬此人。煩惱根本有二種：恆隨一切衆生行，謂無明有愛。有七種清淨處，佛智於戒等不相應，諸境以依止所了緣，能通達一切法。若以滅攝之，凡有六種：色、無色界、無入正定。菩薩於中恆生，若已生盡智、無生智，得名爲佛。如來說經有三義：一、顯生死過失，二、顯解脫功德，三、無所顯。」（此段唐玄奘未譯）可住子部是執此義本。

【釋義】亦有外道能得五通，這種說法是與說一切有部相同，而別於雪山部和後來流出的法藏部所主張。眼等五識身無雜染亦無離染，乃是對說一切有部的眼等五識身有雜染，亦無離染而言。對大衆部的眼等五識身有雜染和有離染亦不相同。其關係如下：

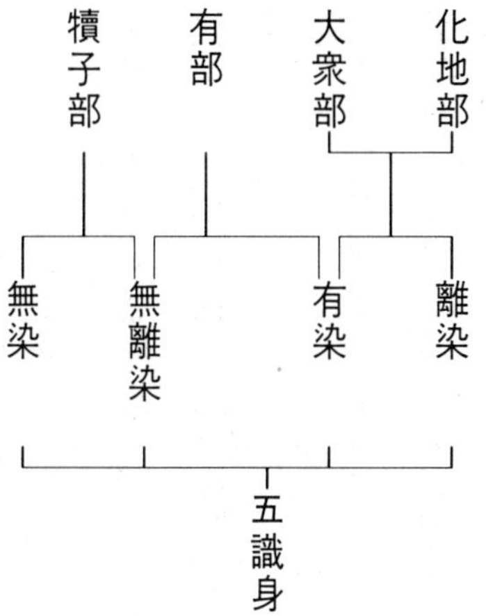

若斷欲界在修道時所斷事惑，並非見道時所斷理惑，方名爲離欲。犢子部以忍、名、相、世第一法爲四加行，修此四加行，即能趣入正性離生，見四聖諦理，即見道位。若已得入正性離生，以第十二心說名爲行向，而第十三心說名爲住果。就是這樣，犢子部和其他部派宗義大有分別的。

【註釋】

①犢子部說四諦各有三心，即是法智、法忍和類智（並無類忍），總共十二心。若趣入正性離生的修行人，在十二心，名行向位，然後總觀十二心爲第十三心，說名住果（次第證者名初果，超越證者名二果或三果）。

【論文】因釋一頌執義不同，從此部中流出四部：謂法上部、賢胄部、正量部、密林山部。所釋頌言：

已解脫更墮，墮由貪復還。

獲安喜所樂，隨樂行至樂。

【異譯】從本因一偈故，此部分成四部：謂法上部、賢乘部、正量弟子部、密林住部。偈言：

已得解脫更退墮，墮由貪著而復還。

已得安處遊可愛，隨樂行故至樂所。

【釋義】因爲大家對於一首偈頌的義理解釋並不相同的緣故，所以由犢子部中便分出四部，即是法上部、賢胄部、正量部和密林山部，該首偈頌就是這樣的：

已解脫更墮，墮由貪復還。

獲安喜所樂，隨樂行至樂。

法上部者解釋該偈：初二句說明阿羅漢有退的，第三句爲阿羅漢有住（保持）的，最後一句則是阿羅漢有進的。賢胄部人認爲初二句乃指阿羅漢，第三句爲獨覺，第四句是佛陀。正量部則以初句之「已解脫」爲聲聞初果，「更墮」乃指二果向，「復還」是二果，「墮由貪」係三果向，第三句「獲安喜」乃三果，第四句「行至樂」就是阿羅漢。至於密林山部的解釋，以六種阿羅漢作比喻。「已解脫」乃思法阿羅漢，「更墮」指退法阿羅漢，「墮由貪」爲護法阿羅漢，「復還」是安住阿羅漢，「獲安喜所樂」指堪達阿羅漢，「隨樂行至樂」

便是不動阿羅漢。

【論文】其化地部本宗同義：謂過去未來是無，現在無為是有。於四聖諦一時現觀，見苦諦時能見諸諦。要已見者能如是見。隨眠非心，亦非心所，亦無所緣，眠與纏異。隨眠自性心不相應。纏自性心相應。異生不斷欲貪瞋恚，無諸外道能得五通，亦無天中住梵行者，定無中有，無阿羅漢增長福業。

【異譯】正地部是執義本：過去、未來是無，現在及無爲是有。四聖諦一時觀，若見苦諦即見一切諦。見已曾見諸諦。隨眠煩惱非心非助心法，無有境界。隨眠煩惱異，倒起煩惱異。隨眠煩惱與心不相應，倒起煩惱與心相應。凡夫不捨欲界欲及瞋，外道無五通，天無夫嵐摩，無中陰，阿羅漢多福德無增長。

【釋義】從說一切有部流出另一部派，名爲化地部。其理論與其他部派甚多相異，該部的本宗有下面相同宗義：過去和未來的有爲法是無體的，但現在的有爲法和無爲法是有體者。於四聖諦理可以在見道位時一念頓觀，或由空行相或無我行相的共相觀，遍四諦理。而在修道位時，別觀四諦相。若見苦諦時，能觀其餘三諦。因此，於見道時已能總觀見四諦相，然後在修道位中，方能觀見四諦的差別相者。隨眠不是心法，亦不是心所法，因此沒有所緣境界，隨眠與纏相異，所以纏亦與隨眠不相同。隨眠自性與心不相應，纏自性與心相應，這樣說法實在和大衆部完全相同。異生不斷欲貪瞋恚，因非聖者，只能暫伏而已。所有外道不能得五通，亦沒有天中住梵行者，這些理論都是和說一切有部相異的。此部更主張定無中有，亦有無阿羅漢能增長福業，此乃針對說一切有部的有阿羅漢能增長福業而說。

【論文】五識有染亦有離染，六識皆與尋伺相應。亦有齊首補特迦羅①，有世間正見，無世間信根，無出世靜慮，亦無無漏尋伺。善非有因。預流有退，諸阿羅漢定無退者。道支②皆是念住③所攝。無為法有九種：一、擇滅，二、非擇滅，三、虛空，四、不動④，五、善法⑤真如，

六、不善法真如，七、無記法真如，八、道支真如，九、緣起真如。

【異譯】五識聚有染離，六識聚與覺觀相應。有時顯衆生，世間無正見，世間無信根，無出世定，覺觀無無漏，有因無善，須氀多阿半那有退法，阿羅漢多無退法。道分是四念處所攝，無爲法有九種：一、思擇滅，二、非思擇滅，三、虛空，四、無我，五、善如，六、惡如，七、無記如，八、道如，九、緣生如。

【釋義】五識身有雜染，亦有離雜染，是說與大衆部同。六識皆與尋伺二心所相應，但不可以同時俱起的。此部主張有齊首補特迦羅，以別於有部的說有世俗補特迦羅不同。此部說有世間正見，無世間信根，這是與大衆部的無世間正見、無世間信根，以及說一切有部之有世間正見、有世間信根亦有相異。其分別如下：

有部——有世間正見
　　　　有世間信根

化地部——有世間正見
　　　　無世間信根
大衆部——無世間正見
　　　　無世間信根

化地部認爲無出世靜慮，因靜慮是屬於世間的，並非出世故，此亦是相對於有部的有出世靜慮而說。此部亦主張無無漏尋伺，因爲尋只有在有漏的心識中活動，不在無漏界的，這亦是與有部所說的有無漏尋相異。至於說善非有因者，因爲善可感出世果，所以不是三有之因，此說又與有部的有善是有因不同。其次，化地部以預流者有退義，諸阿羅漢定無退義爲論理，這亦是與大衆部的主張相同，但相反於說一切有部的預流者無退義、阿羅漢有退義的見解。本部以預流者乃初入聖位，尚有餘惑未斷，所以仍有退的可能，但阿羅漢已斷除餘惑，故無退轉的可能。道支是念住所攝，即是四念住可攝八聖道。無爲法有九種：前三種無爲，即擇滅、非擇滅及虛空，和後兩種無爲，即道支眞如，及緣起眞如，乃是與大衆部所說的九種無爲法之前三種和後二種相同，其他是不動、善法眞如、不善法眞如、無記法眞如四種無爲法，與大衆部的四無色界處無爲法略有差別。

【註釋】

①齊首補特迦羅——乃不還果（聲聞三果）聖者，已斷欲界九品思惑，生於無色界之頂非想非非想處，至命欲終，其結自盡，得阿羅漢，乃般涅槃，名爲齊首，謂生死之首，即有頂地，更無生處，雖不起聖道，亦成無學。

②道支——即是四諦中的道諦，爲滅諦之因，故名道支。有八正道：正見、正思維、正語、正業、正命，正精進，正念和正定。

③念住——即三十七道品中的四念住，是爲觀身不淨，觀受是苦，觀心無常，及觀法無我。

④不動無爲——離去能障礙諸定的苦受和樂受之散動，就是不動無爲。

⑤善、惡、無記三性眞如——以善法感可愛果，惡法感不可愛果，無記法不感果。其理亦然，雖有三性無爲差別，但約無爲之理說，同是一善性。

【論文】入胎為初，命終為後，色根大種①皆有轉變，心、心所法②亦有轉變。

僧中有佛，故施僧者便獲大果，非別施佛。佛與二乘皆同一道，同一解脫，說一切行皆剎那滅，定無少法能從前世轉至後世，此等是彼本宗同義。

【異譯】受生是始，死墮爲終。四大、五根、心，及助心法，皆有變異。大衆中有佛，若施大衆，得報則大。若別施佛，功德則不及。一切佛及一切聲聞，同一道同一解脫。一切行剎尼柯。無有一法從此世度後世。正地部是執此義本。

【釋義】化地部認爲胎生有情的一期生命，由入母胎爲開始，直至生命死亡爲終結。在這一段時期中，五根和四大種（地、水、火、風）是有變易的，由嬰兒、少年、中年而至老年的轉變。而心、心所法亦有所變易的，心念剎那生滅不息，故說生命無常。僧中有佛，僧是佛法的奉行者，所以僧團中有佛在。因此布施僧衆，即是等於布施佛，便能獲得大果報，這並非要特別布施佛，才可以得福的。佛與聲聞和緣覺二乘皆同一聖道，因爲同時可獲得出世間的無漏道，況且，更可同樣解脫煩惱障，和破我執並無分別。至於一切行都是剎那滅，定無有少法能從前世轉至後世，這說法是和說一切有部相同，其理由是在前文已有解釋。以上理論都是化地部的本宗同義。

【註釋】

①色根大種——色根大種指地、水、火、風等物質。

②心法、心所法——心法即是精神領域之事。心所法，具名心所有法，即是從屬於心法之事。

【論文】其末宗異義者：謂說實有過去、未來。亦有中有。一切法處皆是所知，亦是所識。業實是思、無身語業。尋伺相應。大地劫住。於窣堵波興供養業，所獲果少。隨眠自性恆居現在。諸蘊、處、界亦恒現在。此部末宗因釋一頌，執義有異，如彼頌言：

五法定能縛，諸苦從之生，

謂無明貪愛，五見及諸業。

【異譯】此部復執異義：過去、未來是有，有中陰。法入有二種，所知及所識。作意是正業，無身口二業。覺觀是相應法。大地則劫住。依藪斗陂恭敬事無有報。一切隨眠煩惱恆在現世，陰界入三法恆在現世。離法偈言：

五法是決定，諸苦從之生。
無明心貪愛，五見及諸業。
諸部義本皆同，爲執有異故成別部。

【釋義】化地部的末宗不同見解者，有說在時間方面而言，認爲現在是實有的，而過去和未來亦是實有的。亦主張實有中有說，這都是和說一切有部見解相同。至於中有的不同說法，有下列多種：

大衆部 化地部本宗	無中有說
有部 化地部末宗	有中有說

一切法處中的心所法、不相應行法、無爲法、和法處所攝色等，都是世俗智之所了知的，亦都是有漏散識所認識的。業（行爲）實是思，並無身業和語

業，因爲身、語二業都是由思業所發動的。因此，由思心所而引生身、語的表業。尋和伺可以在一心中同時相應。色法的大地是從成、住、壞、空四劫中暫住的。於窣堵波給予供養事，所獲福果甚少，因爲並沒有攝受所施物的利益者之故。至於隨眠種子，念念不斷，所以恆常住於現在，而且五蘊、十二處、十八界三科的諸法種子亦是念念相續，恆居於現在的，這才可以不斷生起三科的現行。化地部末宗因爲解釋一首偈頌的意義，有着不同的見解，所以分出另一部。

五法定能縛　諸苦從之生
謂無明貪愛　五見及諸業

這首頌的意思是這樣的：衆生於三界中生死輪轉，受着各種苦楚，不能夠獲得解脫，乃是由於五法所縛的緣故。此五法就是：㈠無明，㈡貪欲，㈢色、無色愛，㈣身、邊、邪、見、戒的五見，㈤身、語、意三業所造的惡業。

此部末宗所執的異義有不相同的緣故，又分成另外的部派。

【論文】其法藏部本宗同義：謂佛雖在僧中所攝，然別施佛果大非僧。於窣堵波興供養業，獲廣大果。佛與二乘解脫雖一，而聖道異。無諸外道能得五通。阿羅漢身皆是無漏。餘義多同大衆部執。

【異譯】法護部是執義本：僧中有佛世尊，依藪斗陂起恭敬有勝報，恭敬大衆則不及。佛道異聲聞道異。外道無五通。阿羅漢多身無漏。餘所執與大衆部所執相似。

【釋義】由化地部流出的法藏部之本宗同義者，有認爲正如化地部所說僧中有佛，施僧者獲大果，非別施佛的理論並未同意，故說佛雖然在僧中所攝，若別施佛，其果報甚大，而非施僧。因爲別施於佛時，能一心恭敬，故果報較大。並主張於窣堵波興供養業，能獲廣大果報，有別於化地部之於窣堵波興供養業，所獲果報甚少而說。因窣堵波藏有佛舍利或經典，等如恭敬佛陀同樣廣大功德。法藏部同意說一切有部的理論，說佛與二乘解脫無異，而聖道各有不相同，但是與化地部認爲佛與二乘皆同一道，同解脫說則相異。至於無諸外道能得五通，因爲外道是邪道和凡夫，並非佛弟子，雖習坐禪，亦不能得五通，此說與雪山部和化地部相同，而異於犢子部。阿羅漢身皆無漏，以阿羅漢並非爲煩惱所依，不再會生起煩惱，故說無漏。其他宗義很多和大衆部所說相同。

【論文】其飲光部本宗同義：謂若法已斷，已遍知則無，未斷，未遍知則有。若業果已熟則無，業果未熟則有，有諸行以過去為因，無諸行以未來為因，一切行皆剎那滅，諸有學法有異熟果，餘義多同法藏部執。

【異譯】善藏部是執義本：法已是所滅，已是所離則無，未滅未離則有。若業果已熟則無，未熟則有。有爲法不以過去法爲因，以現在及未來法爲因。一切諸行刹尼柯，有學法有果報。餘所執與法護部所執相似。

【釋義】飲光部乃從說一切有部流出的。該部本宗同義的說法是：若果煩惱未斷之時，過去有體，故名有煩惱。若以無間道已斷除煩惱，則已遍知解脫道，過去煩惱體便不再有。若業成熟，則已感果報的業力滅，既成過去，其體亦無存在。但若業果未熟時，則仍有體。現在的諸行有爲法以過去法爲它生起的因，沒有諸行以未來法爲它的能作因。一切有爲法都是刹那滅的，這說是與有部所說相同，但與犢子部的諸行有暫住，亦有剎那滅稍爲有異。至於諸有學法有異熟果，這是說無漏法可以引生無漏果。以時間來說，前念無漏能引生後念的無漏果，而後念的無漏果乃由前念的無漏因轉變成熟，所以假名爲異熟果，而非是由善惡業變異而熟的異熟果。其他有關本宗的理論宗義，很多與法藏部所說相同。

【論文】其經量部本宗同義：謂說諸蘊有從前世轉至後世，立說轉名。非離聖道，有蘊永滅。有根邊蘊，有一味蘊。異生位中亦有聖法。執有勝義補特迦羅，餘所執多同說一切有部。

【異譯】說度部是執義本：陰從前世至後世，若離聖道，諸陰不滅，陰有本末，凡夫位中有聖法，有眞實人，餘所執與說一切有部所執相似。

【釋義】經量部是從說一切有部最後流出的，陳譯爲說度部。它的宗義爲諸蘊能從前世轉至後世，所以經量部亦說名爲說轉部。此部認爲非離聖道，有蘊永滅，因爲在三有的生死五蘊，必須是在出世的無漏聖道才可以永遠斷滅。至於五蘊有根邊蘊，有一味蘊的，窺基的解釋是：「一味者，即無始來展轉和合，一味而轉，即細意識，曾不間斷。此具四蘊。有根邊蘊者，根謂向前細意識，住生死根本，故說為根，由此根故，有五蘊起。即同諸宗所說五蘊。然一味蘊是根本，故不說言邊，其餘間斷五蘊之法是末起，故名根邊蘊。」異生位中亦有聖法，因為凡夫中亦有隱覆的無漏種，未能生起現行，要待因緣成熟時方成聖位。此部亦執有勝義補特迦羅說，是對說一切有部的世俗補特迦羅而說的，這勝義的補特迦羅是微細難知，難可設施，是諸法眞實自體的實我法，並不是如犢子部的非即蘊離蘊、蘊外別有體。所以經量部立法體常住的一味蘊，和作用生滅的根邊蘊，在體用不離的統一上，建立勝義補特迦羅，才能從前世轉至後世（此引印順法師的《唯識學探源》）。其餘所執的理論宗義同說一切有部。

【論文】三藏法師翻此論竟，述重譯意，乃說頌曰：

備詳衆梵本　再譯《宗輪論》

文愜義無謬　智者應勤學

【異譯】無，因原文無此頌。

【釋義】唐三藏玄奘法師翻譯這部《異部宗論輪》完畢後，爲了使讀者明白他翻譯本論的原因，即重述翻譯的意義，以勉勵後來學者，作成一首偈頌說：

備詳（細審）衆梵本（原典）　再譯（異部）《宗輪論》

文愜（滿意）義無謬（錯誤）　智者（學人）應勤學

按：《部執異論》在末段有各部派之梵名列出，據其解釋說：「舊所出經論中亦有十八部名，但音多訛異，不復如本，今謹別存天竺本名，仍以論初大衆等名，次第相對翻之，翻殊難具，如義疏中釋也。」現僅將該論之梵名刊於附錄《小乘二十部派分析表》中，待讀者參考。

又據《舍利弗問經》中，亦有二十部的梵名稱號——與《部執異論》的音譯相異，茲將前者全文錄下，並在「小乘二十部派分析表」中列出，以茲比較。

「……王集二部行黑白籌，宣會衆曰：若樂舊律可取黑籌，若樂新律可取白籌，時取黑籌者乃有萬數，時取白者只有百數。王以皆為佛說，好樂不同不得共處，學舊者多，從以為名，為摩訶僧祇也。學新者少，而是上座，從上座為名，為他俾羅也。他俾羅部，我去世時三百年中，因論諍故，復起薩婆多部及犢子部，於犢子部復生曇摩尉多別迦部、跋陀羅耶尼部、沙摩帝部、沙那利迦部。其薩婆多部，復生彌沙塞部、目揵羅優婆提舍部、曇無屈多迦部、蘇婆利師部。他俾羅部復生迦葉維部、修多蘭婆提那部。四百年中，更生僧伽蘭提迦部。摩訶僧祇部，我滅度時二百年中，因於異論生起碑婆訶羅部、盧迦尉多羅部、拘拘羅部、婆收婁多柯部、鉢蠟若帝婆耶那部。三百年中，因諸異學，於此五部，復生摩訶提婆部、質多羅部、末多利部。如是衆多，久後流傳。若是若非，唯餘五部，各舉所長，名其服色。……摩訶僧祇部（黃衣）……曇無屈多迦部（赤衣）……薩婆多部（皂衣）……迦葉維部（木蘭衣）……彌沙塞部（袁衣）……。」

參考文獻

㈠《異部宗輪論》——唐玄奘譯，《大藏經》No.2031

(二)《十八部論》——秦代失譯（羅什譯），《大正藏》No.2032

(三)《部執異論》——陳眞諦譯，《大正藏》No.2033

(四)《異部宗輪論述記》——沙門窺基記，《續藏經》

(五)《部執異論疏》——陳眞諦疏（佚失）

(六)《異部宗輪論》——日譯本《國譯大藏經》論部第十三卷，木村泰賢譯

(七)《漢藏和三譯對校異部宗輪論》——寺本婉雅、平松友嗣譯

(八)《異部宗輪論述記發軔》——小山憲榮造

(九)《異部宗論輪》——西藏文譯，北京版No.5639

(十)《異部分派解說註》——西藏文，北京版No.5640，清辯著

(十一)《異部宗輪論中異部解說集》——西藏文，北京版No.5641調伏天著

(十二)《異部宗輪論語體譯》——演培法師（天華版）

(十三)《舍利弗問經》——附東晉錄，失佚人名，《大藏經》No.1465

(十四)《讀異部宗輪論述記》——梁啓超《飲冰室文集》

(十五)《異部宗輪論述記私記》二卷——智山海應著

(十六)《異部宗輪論述記別錄》二卷——豐山悟心著

(十七)《異部宗精釋》——西藏所傳，跋毘耶造，（日本文）寺本婉雅、平松友嗣譯註

(十八)《異部說集》——西藏所傳，調伏天造，（日本文）寺本婉雅，平松友嗣譯註

(十九)「Origin and doctrines of early Indian Buddhist schools」(A translation of the Hsüan Chwang,Version of Vasumitra's treatise) by Jiryo Masuda (Asia Major 1925)

(二十)《印度佛學源流略講》——「部派佛學」——呂徵著，一九七九年版及其附錄《略論南方上座部佛學》、《略述有部學》、《略述正量部學》、《略述經部學》

(廿一)《說一切有部論書與論師之研究》——印順著

附錄

小乘二十部派分析表

《異部宗輪論》	亦名	《部執異論》	又名	《文殊師利問經》	《十八部論》	《島王統史》	《舍利弗問經》
大衆部 Mahāsaṅghika		大衆部 摩訶僧耆柯部		摩訶僧祇	摩訶僧祇	大衆部 Mahāsaṅghika	摩訶僧祇
一說部 Ekavyavahārika		一說部 猗柯毘與婆柯利柯部		執一語言	一說	一說部 Ekabbohārika	鞞婆柯羅部
說出世部 Lokottaravādin		出世說部 盧倶多羅婆拖部		出世間語言	出世間說		
雞胤部 Kukkuṭika		灰山住部 高倶梨柯部	高倶胝柯部	高拘梨	窟居	牛家部 Gokulika	拘拘羅部
多聞部 Bahuśrutīya		得多聞部 婆吼輪底柯部		多聞	多聞	多聞部 Bahussutaka	婆收婁多柯部
說假部 Prajñaptivādin		分別說部 婆羅若底婆拖部			施設論	說假部 Paññattivāda	鉢蠟若帝婆耶那部
制多山部 Caityacaila		支提山部 支底與世羅部		只底舸——東山	遊迦、支提支提 加	制多山部 Caityika	摩訶提婆部
西山住部 Aparacaila					阿羅說、羅阿婆 佛婆羅		末多利部（?）
北山住部 Uttaracaila		北山部 鬱多羅世羅部		北山	鬱多羅施羅		質多羅部
上座部 Sthavira		上座弟子部 他毘梨與部		體毘履	上座部 他鞞羅	上座部 Theravāda	他俾羅部

說一切有部 Sarvāstivādin	說因部	說一切有部 薩婆阿私底婆拖部	說因部 醯兜婆拖部	一切語言	薩婆多因論	說一切有部 Sabbātthivāda	薩婆多部
犢子部 Vātsiputriya		可住子弟子部跋私弗 底梨與部		犢子	犢子	跋闍子部 Vajjiputtaka	犢子部
法上部 Dharmottariya		法上部 達謨多梨與部		法勝	達摩鬱多梨	法上部 Dharmuttarika	曇摩尉多別迦
賢冑部 Bhadrayānika		賢乘部 跋陀與尼與部		賢部	跋陀羅耶尼	賢乘部 Bhaddayānika	跋陀羅耶尼部
正量部 Sammatiya		正量弟子部 三眉底與部		一切所貴	彌離 三彌底	正量部 Sammitiya	沙摩帝部
密林山部 Sannāgarika		密林住部 山拖伽梨柯部		芿山	六城部	六城部 Channāgarika	沙那剎迦部
化地部 Mahi[illegible]āsaka		正地部彌嬉捨婆柯部		大不可棄	彌沙塞 彌沙	化地部 Mahimsāsaka	彌沙塞部
法藏部 Dharmaguptaka		法護部 達摩及多部		法護	曇無德	法藏部 Dhammaguttaka	曇無屈多迦部
飲光部 Kaśyapiya	善歲部	善歲部 蘇跋梨沙柯部	飲光弟子部 柯尸悲與部	迦葉比	迦葉惟 優梨沙	飲光部 Kassapika	迦葉維部 蘇婆利師部
經量部 Samtrāntika Suttavada	說轉部	說度部 僧千蘭底婆拖部	說經部 修丹蘭多婆拖 部	修妬路句	修多羅論、相續 僧伽蘭多	說轉部、經部 San- kantika Suttavāda	修多蘭婆提那 僧伽蘭提迦部
雪山部 Haimavata		雪山住部 醯摩跋多部	他毘梨與部	雪山	雪山部		

印度佛教史——小乘的分派表

(一)《文殊師利問經》

第一百年

大衆部——執一語言——出世間語——高拘利柯——多聞——只底舸

(一統部)(現出世部)(雞胤)(制多山部)

東山——北山

體毘履——一切語言——雪山——犢子——法勝——賢——一切所貴

(上座部)(說一切有部)(法上部)(賢胄部)(正量部)

芿山——大不可棄——法護——迦葉比——修妬路句

(密林山住部)(化地部)(經量部)

(二)《舍利弗問經》

第二百年　第三百年　第四百年

- 摩訶僧祇（大衆）
  - 碑婆訶羅（一說）
  - 盧迦尉多羅（說出世）
  - 拘拘羅（雞胤）
  - 婆收羅多柯（多聞）
  - 鉢蠟若帝婆耶那（說假）
  - 摩訶提婆（制多山住）
  - 質多羅（西山住）
  - 末多利（北山住）
- 他俾羅（上座）
  - 薩婆多
    - 彌沙塞（化地）
    - 曇無屈多迦（法藏）
    - 蘇婆利師（善歲）
  - 犢　子
    - 曇無尉多別迦（法上）
    - 跋陀羅耶尼（賢胄）
    - 沙摩帝（正量）
    - 沙那利迦（密林山住）
  - 迦葉維（飲光）
  - 修多蘭婆提那（經量）
  - 僧迦蘭提迦（說轉）

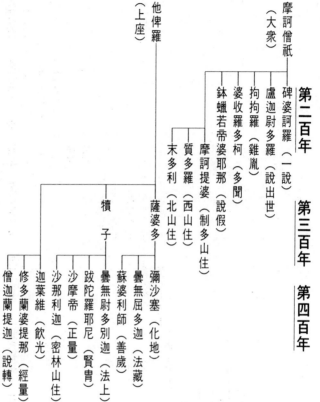

(三)《異部宗輪論》(與《舍利弗問經》同)

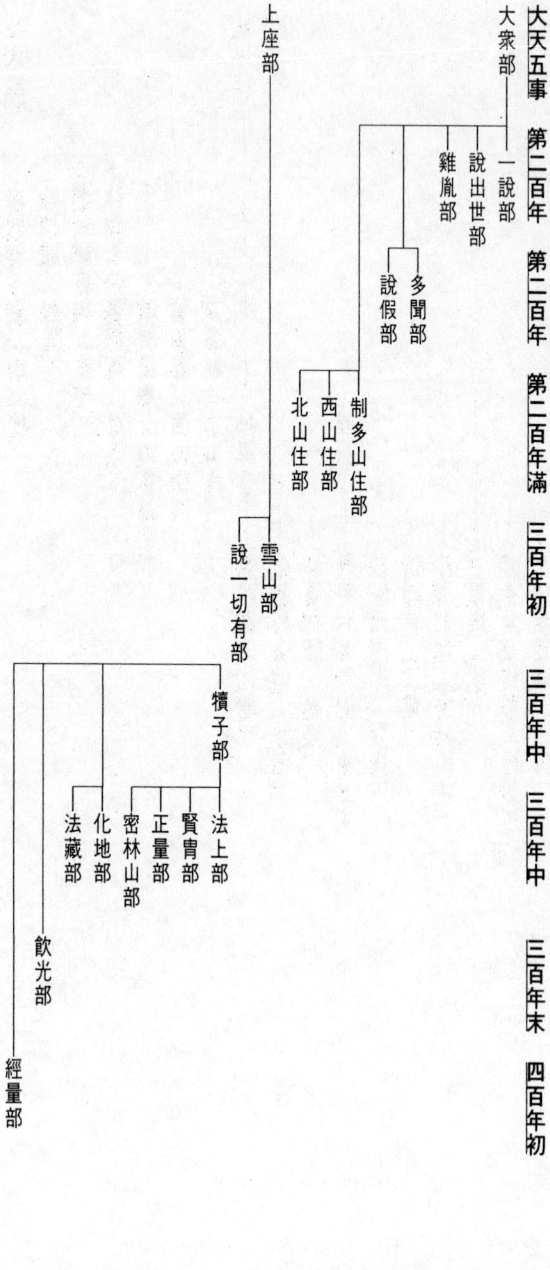

㈣清辨《菩薩中觀心論頌經》（藏文）

大天五事

二百年滿

（第四結集）

- 大衆部
  - 一說部
  - 雞胤部
    - 多聞部
    - 說假部
    - 制多部
- 上座部
  - 根本上座部
    - 說一切有部
      - 根本有部
        - 說轉部
      - 分別說部
        - 化地部
        - 法藏部
        - 銅鍱部
        - 飲光部
    - 犢子部
      - 大山部
        - 法上部
        - 賢胄部
      - 正量部
        - 六城部
  - 雪山部

㈤錫蘭所傳(《島史》)

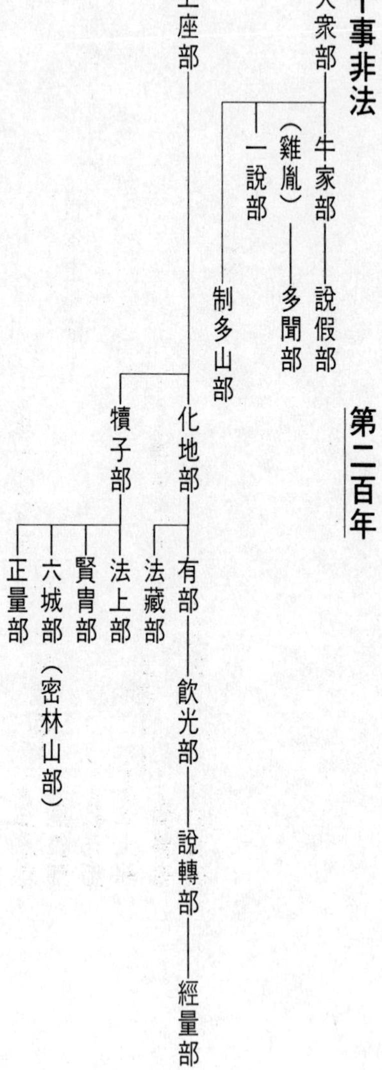
十事非法
第二百年
大衆部
牛家部
說假部
(雞胤)
多聞部
一說部
制多山部
上座部
化地部
有部
飲光部
說轉部
經量部
法藏部
犢子部
法上部
賢胄部
六城部
(密林山部)
正量部

㈥多羅那他《印度佛教史》——上座部說

阿育王時

- 大衆部
  - 根本大衆部
  - 一說部
  - 說出世部
  - 多聞部
  - 說假部
  - 制多耶部
  - 東山部
  - 西山部
- 上座部
  - 根本上座部
  - 說一切有部
  - 犢子部（住女子部）
  - 法上部
  - 賢胄部（賢道部）
  - 一切所貴部（正量部）
  - 化地部（化多部）
  - 法藏部
  - 善歲部（飲光部）、一說爲善降兩部
  - 上人部（說轉部）、一說爲無上部

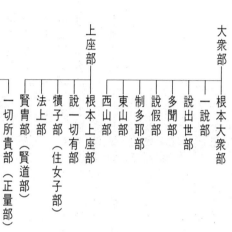

(七)多羅那他《印度佛教史》——大衆部說

- 大衆部
  - 根本大衆部
  - 東山住部
  - 西山住部
  - 王山住部
  - 雪山住部
  - 制多山住部（制多耶部）
  - 義成部（六諦部）
  - 牛家部（雞胤部）
- 上座部
  - 說一切有部
    - 根本說一切有部
    - 經量部（說經部）
  - 犢子部
    - 正量部（一切所貴部）
    - 法上部
    - 賢冑部（賢道部）
    - 六城部
  - 分別說部
    - 化地部
    - 飲光部（迦葉部）
    - 法藏部（法護部）
    - 銅鍱部（紅衣部）

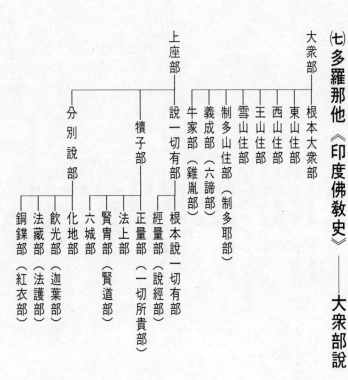

(八)多羅那他《印度佛教史》——正量說部

- 大衆部
  - 根本大衆部
  - 一說部
  - 雞胤部（牛家部）
  - 多聞部
  - 說假部（說常部）
  - 制多耶部
- 有部
  - 根本說一切有部
  - 分別說部
  - 化地部（化多部）
  - 法藏部（法護部）
  - 銅鍱部（紅衣部）
  - 飲光部（迦葉部）
  - 說轉部
- 犢子部
  - 根本犢子部
  - 法上部
  - 賢胄部（賢道部）
  - 正量部（一切所貴部）
- 雪山部

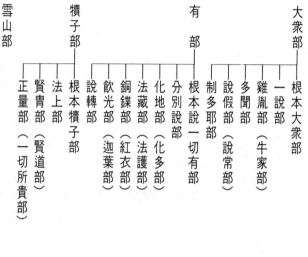

(九)多羅那他《印度佛教史》──有部說

- 大眾部
  - 東山部
    - 義成部
    - 王山部
  - 西山部
  - 雪山住部
  - 說出世部
    - 雞胤部
  - 說假部
- 有部
  - 根本說一切有部
  - 飲光部（迦葉部）
  - 化地部
  - 法藏部（曇無德部）
  - 多聞部
  - 銅鍱部（紅衣部）
  - 分別說部
- 上座部
  - 祇多林住部
  - 無畏山住部
  - 大精舍部（大迦藍部）
- 一切所貴部（正量）
  - 地說山部（法上部、賢乘部）
  - 守護部
  - 犢子部

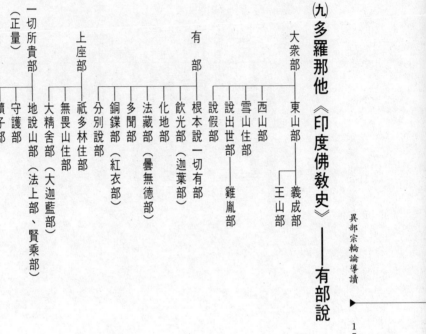

(十)

- 薩婆多部
  - 婆蹉（犢子）
    - 天成（密林山）
    - 名賢（賢胄）
    - 法盛（法上）
- 彌沙塞部（化地）
  - 中間見
- 迦葉維部（飲光）
  - 僧迦提（經量）
  - 式摩提（正量）
- 僧祇部
  - 維迹（一說）
  - 多聞
  - 施設（說假）
  - 毘陀
  - 施羅（西山住）
  - 上施羅（北山住）
- 曇無德部（法護）

(十一)

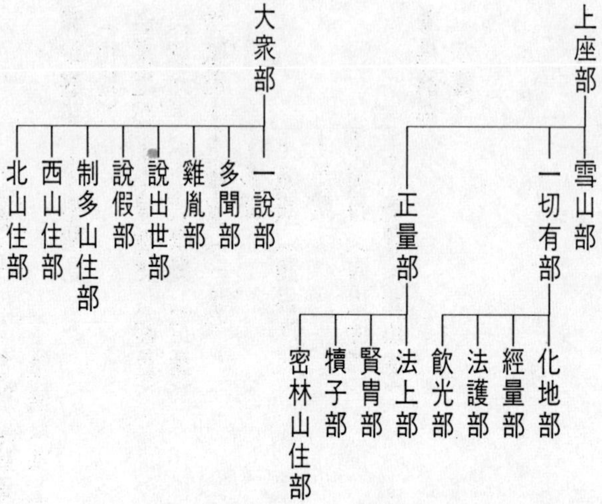
上座部
雪山部
一切有部
化地部
經量部
法護部
飲光部
正量部
法上部
賢胄部
犢子部
密林山住部
大衆部
一說部
多聞部
雞胤部
說出世部
說假部
制多山住部
西山住部
北山住部

迦濕彌羅佛典結集的歷史考據

提要

印度佛教興盛時期只有一千年（西紀前五百年至西紀五百年）。除了最初的二百年間，佛教是在平淡和諧的日子渡過外，其他由孔雀王朝（西紀前三二二年）開始，到笈多王朝的終結（西紀五三〇年），其間凡八百餘年，乃是佛教最複雜和諍論的重要時代，其時佛教教義從單純的經文發展爲精密的論議，佛教的各教學派系互相競起，從一味和合開展成爲無數的宗派學說，各持己見，互爲問難，使佛陀的教學成爲繁瑣哲學。

印度當時的佛教勢力已經擴展到全國各地，以前數目狹小的佛教僧侶亦逐漸增加，成爲龐大的僧團，佛教信仰亦深入各階層人民，到了迦膩色迦王的朝代，因爲國勢強大，所以佛教的傳播也藉着政治力量的影響，伸展到許多外國的地區去。

迦膩色迦王朝代的佛教，以迦濕彌羅結集的舉行達到了最高峰，也將小乘佛教思想推進到一個最高境界。同時亦是使印度部派佛教教理達到了顛峰造極的表現，該次結果的收穫，爲印度佛學歷史寫下了光輝的一頁。雖然，在該次結集以後，印度佛教已逐漸轉變爲大乘佛教時期，由於大乘經典的出現，中觀和瑜伽兩大教學體系已經形成爲大乘佛教的主流，佛教雖然已進入一個新的階段，但是，小乘佛教的影響力在某些地方仍具有其確實的地位。

本文就是以迦濕彌羅的結集爲中心，從它的遠因，追溯至孔雀王朝的阿育王時代爲開端，大概在結集之前四百餘年，然後將結集的經過，和結集後的影響和效果，持續至笈多王朝的終結爲止，時間亦是在結集後的四百年間。本文依據歷史的史實，和客觀的意見，將結集的來龍去脈和盤托出，故所敍述的事情，可說是佔據了印度佛教的大部份時期，亦即是部派佛教的源流和歷史過程，爲歷史家所稱的『阿毘達磨』時代，係研究印度佛教的最主要發展時期。

一、佛典結集的意義

當釋迦世尊在世時，他對他的弟子們和大衆所演說的道理和教誡都是因人和因事而隨機方便施設的，當時只是由各弟子以記憶和受持方法，展轉相傳下來，並未有經過整理和用文字紀錄的。

迨至釋尊入滅後（約在西紀前四八〇年），各弟子恐怕佛法會日久忘失，況且爲了防範日後人們對佛法的錯解和遺漏，以致未能夠依法奉行之故，因此有遠見的弟子們便有倡議結集佛陀遺教之舉，以期能確定佛制的標準，留傳後世，作爲依據，不致墮入異見邪說，誠屬有重大的意義。

隨着時代不斷地進展，社會的變化更臻於複雜，於是佛教的四衆對佛制的標準更難於適應，而對於經典的解釋觀點亦因地域的不同，環境和思想潮流的關係，而有了很大的歧異，因此便發生經典結集和再結集的佛教會議，也可以說是執行佛教三藏的編纂和再編纂的工作。「結集」（Saṃgīti）的意義就是合誦或等誦。乃是由一群德高望重的比丘代表，在聚集的大會將教理和戒律的文句誦出，經過大衆共同審定後，方認爲是合乎佛說，或不違佛說的，得到大衆一致公認無訛，於是共同誦出經或律文，使成爲佛法或戒律，以便一齊遵守。

相傳佛典的結集有多次：以佛滅後數月內在王舍城（Rajagṛha）的七葉巖（Saptaparṇaguhā）所舉行的爲「第一結集」（亦名「五百結集」）；隔了一百年後，在毘舍離（Vaiśali）城再舉行「第二結集」（又名「七百結集」）；以上兩次結集都爲日後的佛教界所公認的正式結集。至於阿育王（Asoka）在位時代所舉行的「華氏城（Pāṭaliputra）——波吒梨子城）結集」和迦膩色迦王（Kaniṣka）時代的「迦濕彌羅（Kaśmira）結集」則被認爲是佛教上座部的部派結集而已。前者是屬於分別說部系的銅鍱部的，而後者則爲說一切有部的。①

至於佛教大衆部的結集亦傳說有兩次，都是分別在「五百結集」和「七百結集」之後不久舉行。因爲當時有爲數甚衆的比丘們不滿意該兩次會議的主持成員多屬長老派所作出的決定，故另行召集大衆而舉行結集，前者是有名的七葉巖外結集雜藏，而後者的結集，結果更因此而導致佛教的正式分裂。

雖然經過了上述多次的結集，其唯一的共通點就是所有的結集成果都是以佛教三藏爲主要收穫。以「華氏城結集」爲例，則導至成立巴利語系的南傳佛教的思想系統，而「迦濕彌羅結集」更形成梵語系的北傳佛教的理論體系。

二、阿育王後的部派分裂

在印度，自釋迦世尊滅度後，佛教曾沈寂了一段時期，到了西紀前二七〇年至西紀一二〇年之三百九十年間，印度佛教得到了二位在位大王的信仰和外護，因此大爲興盛，成爲佛教的黃金時代。這兩位大王就是阿育王與迦膩色迦王。

佛滅後一百六十年間（西紀前三二二年）印度因遭受亞歷山大和他的部隊

戰禍的影響，以致國勢積弱，那時印度大將旃陀鞠多（Chandragupta）乘機崛起，擊敗希臘部將，將之逐出印度，然後回師佔領華氏城，統一印度，成爲孔雀王朝（Maurya Dynasty）的第一位帝王。跟着二世頻頭沙羅王（Bindurasāra）又征服印度南部德干高原，和西北阿富汗等地，勢力強盛起來。

到了佛滅後二百餘年（西紀前二七二年）阿育王承繼其父頻頭沙羅王的正統爲國王，被後世認爲是印度一位最好的在位帝王。起初他爲了實現他的統一印度雄心，便派兵征服羯餕伽國。（Kaliṅga），因此而感到戰爭的殘酷，所以便決定皈依佛教（西紀前二六〇年），接受佛教的薰陶，盡力實施佛陀的教法，實行弘揚佛教。他到處建造佛塔，頒佈著名的摩崖法敕和石柱法敕，禁止打獵，設置管理佛教事務官員等。並在華氏城結集法藏（西紀前二五一年），然後派遣大德長老及弘法佈教團到國外各地宣揚佛法，使佛教勢力迅速擴展起來，成爲印度佛教的繁榮時期。

可惜自從阿育王死後（西紀前二三二年），跟着孔雀王朝亦告衰落，而終於滅亡了（西紀前一八五年）。

下面就是阿育王所派遣的長老和佈教地域②：

長老名稱	佈教地區	即現今地方	發展部派
末闡提 （Majjhantika）	迦濕彌羅及犍陀羅 （Kaśmira）（Gandhāra）	克什米爾（Kashmir）及 巴基斯坦的白沙瓦（Peshawar）	薩婆多部（依十誦律）
摩訶提婆 （Mahādeva）	摩醯娑末陀羅 （Mahiśamandala）	南印度之賣索爾邦 （Mysore）	摩訶僧祇部（依摩訶僧祇律）
勒棄多 （Rakkhita）	婆那婆私 （Vanāvasi）	中印度累治譜坦那 （Rajputāna）	彌沙塞部（依五分律）
曇無德 （Dhammagupta）	阿波蘭多迦 （Aparantaka）	印度的判查布 （Panjab）以西地區	曇無德部（依四分律）
摩訶末示摩 （Mahāmajjhima）	雪山邊國 （Himavanta）	尼泊爾、錫金、不丹、西藏南部	雪山住部
須那迦和郁多羅 （Sonaka）（Uttara）	金地國 （Suvaṇṇabhumi）	下緬甸、泰國、寮國南部、柬埔寨、 馬來半島	
摩訶勒棄多 （Mahārakkhita）	臾那世界（大夏） （Yonaloka）	阿富汗及波斯地區	
摩訶曇無德 （Mahādhammagupta）	摩訶勒陀 （Mahāratṭha）	印度孟買（Bombay）地區	迦葉遺部（依解脫律）
摩哂陀 （Mahinda）	師子國 （Siṁhala）	錫蘭島——斯里蘭卡 （Ceylon）	上座部（分別說部）

佛教是在第二結集以後即開始分裂為大衆部（Maha-Samghikah）和上座部（Sthaviah）兩大部，名為根本分裂。分裂的原因，南北傳各有不同的記載，前者依《島史》是因為跋者族的律義改革「十事非法」所引起，而後者據《異部宗輪論》則為了教義新說「大天五事」而促成。更在以後的三百年間，兩部的一再分派，到了佛滅後的四百年初，大衆部已分成九部，而上座部也分為十一部，後人名為枝末分裂，有如下表（依北傳《異部宗輪論》）：

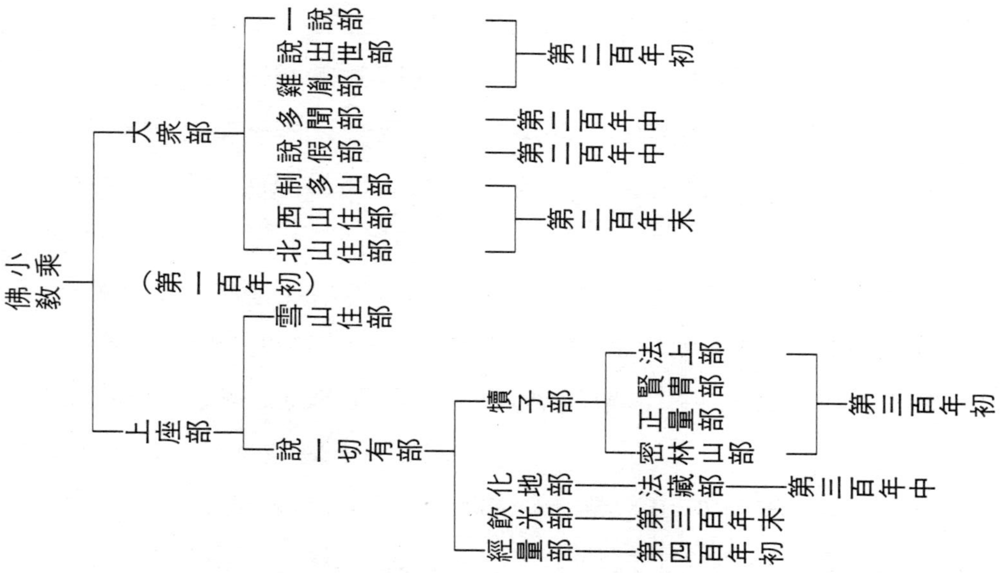

但依據南傳《島史》（Dipavaṃsa）分別說部所傳，部派分裂更多，從大眾部（Mahāsaṃghika）分出五部——牛家部（Gokulika）、一說部（Ekabboharka）、多聞部（Bahussutaka）、說假部（Pannatti）及制多山部

(Caitika)，本末共六部。從上座部（Theravada）分出跋闍子部（Vajjiputtaka）等五部——法上部（Dhammuttarika）、賢胄部（Bhaddayanika）、密林山部（Channagarika）、正量部（Sammitya）及化地部（Mahimsāsaka）等六部——說一切有部（Sabbātthivada）、飲光部（Kassapika）、說轉部（Sankrantika）、法藏部（Dhammaguttaka）、經部（Suttavāda），本末合成十二部。

其後印度又分裂爲雪山部（Hemavatika）和案達羅（Andara）五部——王山部（Rajagirika）、義成部（Siddharthika）、東山部（Pubba-Selika）、西山部（Aparasaila）和西王山部（Apparrajagirika），連上面共有二十四部。

從佛滅後二百年初至四百年間，小乘二十部派的漸次分裂，風起雲湧，盛極一時，初期的一百年是大衆部的發達時代，後期的一百年是上座部的繁盛時期。在大致上，大衆部對佛說則主張「一說」的肯定態度，上座部對佛說採取「分別說」的看待態度，但始終都沒有超越小乘的範圍，而基本精神仍是一致的。這些派別，後來愈說愈多，南傳有二十四部，到了西紀六世紀，這些部派即歸納爲四大系統：一、上座部（北方有化地、法藏爲代表，南方以大寺派爲代表）；二、正量部（以犢子爲代表）；三、大衆部；四、說一切有部。

現依律部的傳持五部，再分裂爲更多小部，和北傳的分裂作一比較，亦有相同之處，如下表：

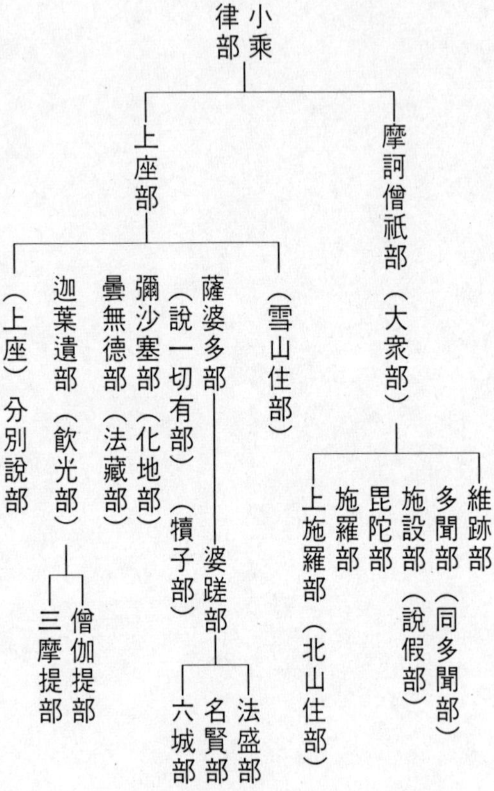

由上面部派分裂的情形看來，我們不難想像到當時各部派的思想歧異和論據的複雜形態；當然，各部派自有各部派的教義和論書。可惜現在祇有一部《異部宗輪論》可以從中窺見各部派的要義外，並沒有其他留存下來的資料可供參考。這也算是研究印度佛教部派教學的重大損失。

幸而當時孤立在迦濕彌羅的說一切有部學者因爲不受外界的干擾，而能獨自發展其部派的教學，而後來又得到迦膩色迦王的外護而能結集遺教，以有部的思想爲中心，纂輯三藏，編述註釋，經歷十二年之久，終於造成了豐碩的三十萬頌以釋經、律、論三藏（現祇存下《大毗婆沙論》）。因此，迦濕彌羅結集對佛教的貢獻，實爲至鉅且大的原故。

三、說一切有部的成立

關於說一切部，很難確定它是在甚麼年代成立的，但是我們從當時流行的論書中，大概亦可以略窺端倪。

部派枝末分裂的基本原因，除了他們各派對經律二藏的解釋在主觀上有所差別之外，另外的因素就是基於當時印度佛教各教團對教理研究的學風甚爲興盛（這是古代印度文化的一種特質），隨着各派的哲學思想自由發展，形成了論書《阿毗達磨》的興起。

「阿毘達磨」的意義就是對法藏的討論，於是各派都可以自由對一切經律加以不同的解釋、簡別、分類、定義、論究和發揚，其結果每派都產生了它自己所主張的論書爲根據，故當時佛教教義的思想複雜，理論的繁瑣，結構的精密自不待言，故說「阿毘達磨」的發達是淩駕經律二藏之上，並非無因的。

關於《論藏》有上座部所編纂的《法集論》(Dhammasaṅgaṇi)、《分別論》(Vibhaṅga)、《人施設論》(Puggala-paññatti)、《論事》(Katthā-Vatthu)、《界說論》(Dhātu Kathā)、《雙論》(Yamaka)，和《法趣論》(Paṭṭhāna)等七論。

現在僅將說一切有部所宗的根本論書——《六足論》與《發智論》列下：③

《阿毘達磨集異門足論》	二十卷	舍利弗造	唐玄奘譯	
《阿毘達磨法蘊足論》	十二卷	大目犍連造	唐玄奘譯	佛在世時
《阿毘達磨施設足論》	七卷	大迦多衍那造(?)	唐玄奘譯	
《阿毘達磨識身足論》	十六卷	提婆設摩造	宋法護等譯	佛滅後一百年

《阿毘達磨界身足論》	三卷	世友造唐玄奘譯	佛滅後三百年
《阿毘達磨品類足論》	十八卷	世友造唐玄奘譯	
《阿毘達磨發智論》	二十卷	迦旃衍尼子造　唐玄奘譯	佛滅後四百年

關於《六足論》的作者，除上面所列舉者外，據《西藏傳》和《稱友傳》所說：舍利弗造《法蘊足論》，摩訶拘絺羅造《集異門足論》，目犍連造《施設足論》，和富樓那造《界身足論》。至於年代，亦有不同的說法，除佛弟子作的前三《足論》是佛在世時的作品外，其餘之《足論》都是佛滅後三四百年間的作品，而以《界身足論》的出現爲最遲。④

前《六足論》是「足」，後一論是「身」，總成了說一切有部的初期思想體系。其以「身」與「足」的對稱，實在是着重於以《發智論》爲該部論究中心，可見其重要性。而後來在迦濕彌羅結集時所編之《大毗婆沙論》，亦以《發智論》爲主要的論據，使說一切有部的宗義，發展到最精密的完備階段。

因爲說一切有部的興起，是由於《發智論》的出現而加以發揚的緣故，所以說《發智論》的作者迦旃衍尼子（Kātyāyanīputra）就是說一切有部的創立者並無不宜，這根據亦爲後來的論師所公認。由此推之《發智論》的撰作年代是在佛滅後的四百年（唯依《異部宗輪論》則爲佛滅後三百年），這樣便成爲說一切有部成立的推定年期了。

迦旃延尼子雖出自上座部，唯以上座部承迦葉遺教首弘經藏，次弘律、論，故每事皆以契經爲依據，深表不滿，於是造《發智論》大興論藏，以經、律爲次，此舉得到了當時許多人的附和，故自成一派，名爲說一切有部（梵名薩婆多部），又名說因部。

根據嘉祥《三論玄義》所載：

「……從迦葉至掘多，正弘經，從富樓那稍棄本弘末，故正弘毘曇，至迦旃延大興毘曇，上座弟子部見其棄本弘末，四過宣令，遣其改宗，遂守宗不改，上座弟子移往雪山避之，因名雪山住部，其留者則名薩婆多部……」

四、迦濕彌羅與佛教關係

如上面所述，佛教傳入迦濕彌羅乃是在阿育王時代，約在佛滅後二百餘年（約在西紀前二四〇年），由末闡提長老及他的佈教團開始，但根據《大唐西域記》的記載，遠在佛滅後第五十年和第一百年，佛教曾二度輸入迦濕彌羅，其事經過如下：

「昔佛世尊，自烏仗那國（Ujjana），降惡神已，欲還中國（按即中印度），乘空當此國上（按即迦濕彌羅國）告阿難曰：『我涅槃之後，有末田底迦阿羅漢，當於此地，建國安人，弘揚佛法。』如來寂滅之後，第五十年，阿難弟子末田底迦阿羅漢者，得六神通，具八解脫，聞佛懸記，心自慶悅，便來至此。……

「摩揭陀國無憂王以如來涅槃之後第一百年，命世君臨，威被殊俗，深信三寶，愛育四生，時有五百羅漢僧，五百凡夫僧，王所敬仰，供養無差，有凡夫僧摩訶提婆（大天）闊達多智，幽求名實，潭思作論，理達聖教，凡有聞知，群從異議，無憂王不識凡聖，因情所好，黨援所親，召集僧徒，赴殑伽河（恆河）欲沈深流，總從誅戮，時諸羅漢，既迫命難，咸運神通，凌虛履空，來至此國。……」（卷第三）

考《西域記》所說之末田底迦爲阿難弟子，乃相隔世尊滅後不遠的羅漢，當有其人，但與佛滅後二百餘年阿育王時代的末闡提，其漢譯名稱雖異，而梵名實相同，對於不注重歷史的印度人，對這兩位相隔二百多年的尊者，是否同是一人，實應作考證之必要。

至於大天比丘，在《異部宗輪論》中亦稱有兩人，時間亦相隔約一百年，前者被說一切有部稱爲大逆不道的惡比丘，而後者則被大衆部所尊敬的聖者，後來的學者亦推論因「大天五事」而導致根本分裂的上座和大衆兩部，乃發生於佛滅後二百餘年的阿育王時代，而上座比丘不服而離開摩竭陀的雞園寺前往迦濕彌羅，亦發生於該時。故佛法之傳入迦濕彌羅，乃在末闡提長老時期甚爲適合。

況且，上面《西域記》所記載，兩者皆云於該時各建立五百伽藍以施衆僧，此事或有可疑，因佛滅後五十至一百年間，印度中部王朝之勢力，尚未及於迦濕彌羅，而佛教亦未如後來阿育王時之興隆，故於該地建立衆多的伽藍事，實爲王朝力有不逮的構想。

五、迦濕彌羅與罽賓

迦濕彌羅（今稱克什米爾）或稱羯濕彌羅（見《寄歸內法傳》與《求法高僧傳》），乃位於印度境內東北地區，在我國西藏和喜馬拉雅山的西麓，於印度河（River Indus）支流，Chenab及Jhelam兩河上流之地，四面環山，地勢似卵形，東南至西北長約八十四哩，廣約二十哩至二十五哩，面積有千八百方哩或千九百方哩，其地勢因爲孤立於群山之中，與其他地方交通不便，因此迦濕彌羅的佛教很少受到其他國家的影響，而呈現特殊發展的形態。

玄奘在印度求法時，將他所見到的迦濕彌羅國情形，在他的《大唐西域記》

中有如下記述：

「迦濕彌羅國，周七千餘里，四境負山，山極峭峻，雖有門徑，而復隘狹，自古鄰敵，無能攻伐，國大都城，西臨大河，南北十二三里，東西四、五里，宜稼穡，多花果，出龍種馬，及鬱金香，火珠藥草，氣序寒勁，多雪少風，服毛褐，衣白氎，土俗輕僄，人性怯懦，國為龍護，遂雄鄰境，容貌妍美，情性詭詐，好學多聞，邪正兼信，伽藍百餘所，僧徒五千餘人，有四窣堵波，並無憂王建也，各有如來舍利升餘。」

唯有一疑問者，玄奘法師於《西域記》之迦濕彌羅國題目下註有：「舊曰罽賓，訛也，北印度境。」但中國佛教以罽賓即是迦濕彌羅，已成定論。蓋慈恩大師慧沼著之《成唯識論了義燈》卷一亦云：「罽賓，新稱迦濕彌羅」，故玄奘所說亦不過表示新舊名稱之分別而已，非另有罽賓之地也，僧伽婆羅譯《孔雀王經》則作㑹賓一名。

中國史書以罽賓即今之克什米爾（Kashmir），此譯音或相近是故。因爲迦膩色迦（Kaniṣka）一名，《悟空行記》有譯爲罽膩迦。首一音相合，後一音之「賓」爲印度文Pil(a)或Pir(a)之譯音，而中國譯梵文音尾無聲母，則以鼻音代之⑤。是故罽賓的原音，應爲Kapil(a)或Kapir(a)。學者曾考古之地理，克什米爾名Kaspira（此乃依蘭語）與印度俗語（Prākrit）稱迦濕彌羅爲Kasvira當出於一源⑥。而《希臘古地誌》則作Caspiraei，漢魏時稱克什米爾爲罽賓，亦不足異，而罽賓確爲迦濕彌羅，則無需懷疑。

據《魏書》、《北史》載有罽賓國都名善見城，和《隋書》、《唐書》之修鮮城，《漢書》作循鮮城。法國烈維式（S.Levi）認爲是梵文Sudarsana的音譯，但日本之白鳥庫吉則說乃Srinagar的音譯，蓋前者乃依傳統的譯法，如Su-「善」darsana「見」的意義。而後者以「善」譯Srin，其中省去「r」音，成爲Sin，「見」爲gar，其中「g」常以柔音「k」寫之，而末尾之「r」習慣上常以「n」表之，故爲Kan，因此善見之音譯Sin-kan，即是Srinagar，現今譯作「斯立那加」是也⑦。

在印度歷史中，早在吠陀時代，克什米爾地區包括在薩布特信度（七河）地域之內，佛陀期時，被稱造犍陀羅國。至西紀前二百五十年阿育王征服該地，立佛教爲國教，斯立那加城便在那時建立，並且將孔雀王朝之富豪遷到克什米爾定居。阿育王之後，克什米爾中立，自成一國。西紀前二百年國王賈德拉統治，但常受塞族人從西北入侵，直到後來被征服。

迦膩色迦王時，征服北印，呑併克什米爾，興建許多佛寺，成爲佛教中心。笈多王朝後期，克什米爾受藩王統治，但佛教仍興盛，至六世紀時受匈奴人入侵，西紀五二八年匈奴王佔領克什米爾，將佛寺全毀，和尚大部份逃到西藏去。

六、迦膩色迦王與大月氏

迦膩色迦王（Kaniska）爲印度第二位維護佛教最熱心國王，他是以丈夫城（Purusapura）富婁沙富羅——按即今印度之白沙瓦（Peshawar）爲首都的犍陀羅（Gandhāra）國的大月氏王。他對佛教最大貢獻就是召開迦濕彌羅結集，成爲佛教歷史發展的一個重要里程碑。

茲將大月氏建國的經過敍述如下：

在《後漢書》（卷一一七）「西羌傳」記載：

「湟中月氏胡，其先大月氏之別也。舊在張掖，酒泉地，月氏王為匈奴冒頓所殺，餘種分散，西踰蔥嶺。其羸弱者，南入山阻，依諸羌居止。」

據《漢書》「張騫傳」則記述云：

「時月氏已為匈奴所破，西擊塞王，塞王南走遠徙，月氏居其地。昆莫（烏孫）既健，自請單于，報父怨。遂西攻破大月氏，大月氏復西走，徙大夏地。」

同時《西域傳》「烏孫國」條亦載有：

「（烏孫）本塞地也，大月氏西破走塞王，塞王南越縣度，大月氏居其地，後烏孫昆莫擊破大月氏，大月氏徙西臣大夏，而烏孫昆莫居之。故烏孫民有塞種，大月氏種云。」

再根據《漢書西域傳》所載：

「大月氏本居敦煌祁連間，至冒頓攻破月氏，而老上單于殺月氏，以其頭為飲器，月氏乃遠去，過大宛，西擊大夏而臣之，部嬀水北為王庭……有五翖侯，一、休密翖侯；二、雙靡翖侯；三、貴霜翖侯；四、肸頓翖侯；五、高附翖候……」

《後漢書・西域傳》「大月氏」條下有：

「初，月氏為匈奴所滅，遷於大夏，分其國為五部翖候，後百餘歲，貴霜翖候邱就卻攻滅四翖候，自立為王國，號貴霜王，侵安息，取高附地，又滅濮達（犍陀羅）、罽賓，悉有其國，邱就卻年八十餘死，子閻膏珍代為王，後滅天竺……」

由此觀之，大月氏族最初是居於我國甘肅省中部西境和青海省東境的地方，「始，月氏居敦煌祁連間。」⑧，漢時，被匈奴冒頓于單所攻破（約在西紀前二百年），於是其族人乃西走，自中國越葱嶺（Pamir），經瓦岡（wak-han）峽谷地，繼續西移，擊敗當時據伊犁（Ili）河流域的塞族（Saka），而佔領其地（約西紀前一六一年）⑨，復受烏孫族的侵襲，月支不敵再敗走河南，遂移住於媯水（Oxus）或阿姆河（Amu Daria）的北方，然後在大宛的西面建立了月氏國，建都於吉特爾（Khuttal）⑩。

《史記・大宛傳》有云：「大月氏在大宛西可二三千里居媯水北，其南則大夏（Backtia），西則安息（Parthia），北則康居行國，隨蓄移徙。」又記：「大夏在大宛西南二千餘里媯水南。……其都曰藍市城。」（即今之薄羅城。Bahlkh）。

當初在印度西北部的地方，爲希臘將領在東方所建立的國家勢力範圍，如彌蘭王（Menander）的舍竭國（Sagala），第奧多特斯（Diodotos）所建立的大夏國（公元前二五〇年），而斯基泰（Scythia）族亦崛起，據帕提亞（Parthia）建立了安息國。

當時在北方的塞族人受到了外來的大月氏人的壓迫，於是被逼向南逃避，在西紀一百五十年間，便侵入了大夏國和安息國，繼而佔領卡布爾（Kabul）和沙特（Sind），及伸張到印度的判查布（Punjab）地方，迦濕彌羅和犍陀羅亦在統治勢力之下，直至西紀前六十年才告終止。

在這個時期，塞族人將西方希臘的文化帶進了印度來，與印度本有的文化互相結合，創造了所謂印希（Indo-Greek）文化，兩地共同精華的藝術結晶，致使印度的雕刻、建築、學術各方面在以後的數世紀放一異彩。

大月氏國在嬀水以北地方安定了一個時期後，不甘雌伏，當初征服大夏國（約西紀前八十至一百年），佔了首都藍市城，勢漸強大，於是將覩貨羅族建立的國家，其領土置五翎侯（將軍）下以分治各地——休密、雙靡、貴霜、肸頓、高附。再經過百餘年後（約西紀四十年），貴霜（Kusan）翎侯邱就卻（Kujula Kadphises）滅了其他四翎侯，自立爲王，號稱貴霜帝國王朝（Kushan Empire），於是更向南部推進，之後侵略安息（波斯），滅犍陀羅，復佔罽賓，將高附河流域等地方收爲版圖。後來又發展與羅馬通商，故受希臘文化所影響。

到了邱就卻死後，由其兒子閻膏珍（Wema Kadphises）繼位，他於西紀八十年間進侵印度，南下佔領新頭河（Indus River），更進一步擴展勢力於恆河上游，覆滅了印度王朝，設置將軍一人來監領之。

閻膏珍之後，繼有迦膩色迦，而月氏國以迦膩色迦王在位時最爲富盛，建都於犍陀羅（Gandhāra）的富婁沙富羅城（Purusapura），統一了北印度全境，統轄廣大的領土，成爲印度歷史上有名的國王。

關於迦膩色迦王在位的年代，在近代數十年來經過了東西學者的研究考證，仍未有明確的肯定。有從最早的西紀前五十七年維克拉馬紀元（Vikrama ERA）起到最遲的西紀一八五年止，相隔有二百四十多年。

有謂在西紀前五十七年即位的迦膩色迦王實另有其人，該王早已征服印度，轄下有許多國家，但後來的國王復失去了勢力，至閻膏珍時代，方恢復其領土。有謂閻膏珍就是迦膩色迦王⑪，但反對的認爲閻膏珍雖然戰功彪炳，但從他那時所鑄造的貨幣上刻上了外教神像，證明他不像一位弘揚佛教的國王。

現在學人根據各種學者不同的結論推定大月氏諸王（貴霜王朝）的在位年代如下：

西紀四八——七八年（三〇年）邱就却（Kujula Kadphises）

西紀七八——一〇一年（二三年）閻膏珍（Wema Kadphises）

西紀一〇一——一三二年（三一年）迦膩色迦（Kaniṣka）

西紀一三二——一六二年（三〇年）婆斯迦（Vasiska）

西紀一六二——一八五年（二三年）弗維士迦（Huviska）

西紀一八五——二二六年（四一年）婆須提婆（Vasudeva）

日本方面的學者則認爲婆斯迦王乃承繼迦膩色迦爲二世，然後才是弗維士迦與婆須提婆，後者被波斯的薩散朝（Sasan）陜浦爾一世（Sahpur I）所滅⑫。

七、迦濕彌羅結集的經過

自迦膩色迦王即位後，即盡力興隆佛法，那時在他的領土中，佛教的發展，甚爲迅速，尤其是在迦濕彌羅和犍陀羅二地方，佛教早受希臘文化的影響，研究之風大盛，因此大月氏國佛教之發達自不待言。

傳說迦膩色迦王嘗於其領土四方建立四大伽藍（犍陀羅、查德蘭、那僕底，和加比西），供養三萬大小乘的比丘衆，且遣派傳教師遠赴國外，宣揚佛教，而沙門支婁迦讖亦在東漢靈帝光和元年（西紀一七八年）到來中國，譯出《般若三昧經》（三卷）、《般若道行經》（十卷）等十四部，爲最早到中國洛陽的月氏國沙門，他的再傳弟子支謙於吳孫權黃初二年（西紀二二二年）譯出經典四十九部⑬。關於迦濕彌羅結集的經過情形，在玄奘之《大唐西域記》中有詳盡的敍述：

「健馱邏國迦膩色迦王以如來涅槃之後第四百年，應期撫運，王風遠被，殊俗內附，機務餘暇，每習佛經，日請一僧，入宮說法，而諸異議部執不同，王用深疑，無以去惑。時脇尊者，曰：『如來去世，歲月逾邈，弟子部執，師資異論，各據聞見，共為矛楯。』時王聞已，甚用感傷，悲歎良久，謂尊者曰：『猥以餘福，聿遵前緒，去聖雖遠，猶為有幸，敢忘庸鄙，紹隆法教，隨其部執，具釋三藏。』脇尊者曰：『大王宿殖善本，多資福祐，留情佛法，是所願也。』王乃宣令遠近召集聖哲，於四方輻湊，萬里星馳，英賢畢萃，睿聖咸集。……於是得四百九十九人，王欲於本國（按即犍陀羅國），苦其暑濕，又欲就王舍城大迦葉波，結集石室，脇尊者等議曰：『不可，彼多外道，異論糾紛，酬對不暇，何功作論？衆會之心，屬意此國（按即迦濕彌羅），此國四周山固，藥叉守衛，土地膏腴，物產繁盛，賢聖之所集住、靈僊之所遊止，衆議斯在，令曰允諧。』其王是時，與諸羅漢，自彼而至，建立伽藍，結集三藏，欲作《毗婆沙論》，是時尊者世友，……請為上座，凡有疑議咸取決焉，是五百賢聖，先造十萬頌《鄔波第鑠論》釋素坦纜藏，次造十萬頌《毘奈耶毘婆沙論》釋毘奈耶藏，後造十萬頌《阿毘達磨毗婆沙論》釋阿毗達磨藏，凡三十萬頌，九百六十萬言，備釋三藏，懸諸千古，莫不窮其枝葉，究其深淺，大義重明，微言再顯，廣宣流布，後進賴焉。迦膩色迦王遂以赤銅為鍱，鏤寫論文，石函緘封，建窣堵波，藏於其中，命藥叉神，周衛其國，不令異學，持此論出，欲求習學，就中受業。……」

再者，根據陳眞諦所譯之《婆藪槃豆法師傳》，有關迦濕彌羅結集的經過，則有不同的記載：

「佛滅後五百年中，有阿羅漢名迦旃延子，母姓迦旃延，從母為名，先於薩婆多部出家，本是天竺人，後住罽賓，罽賓在天竺之西北，與五百阿羅漢，及五百菩薩共撰集薩婆多部《阿毘達磨》，製為《八伽蘭他》，即此間云《八犍度》，迦蘭他譯為結，亦曰節。……亦稱此文為《發慧論》。以神通力及願力，廣宣遠近，若先聞佛說阿毘達磨，隨所得多少，可悉送來。於是若人若天，諸龍夜叉，乃至阿迦尼吒諸天，有先聞佛說阿毘達磨，若廣若略，乃至一句一偈，悉送與之，迦旃延子，共諸阿羅漢及諸菩薩，簡擇其義，若與修多羅、毘那耶不相違背，即使撰錄。若相違背即便棄捨。是所取文句，隨義類相關，若明慧義，則安置慧結中，若明定義，則安置定結中，餘類悉爾，八結合有五萬偈，造八結合竟，復造《毘婆沙》釋之。馬鳴菩薩是舍衛國婆枳多土人，通《八分毘伽羅論》，及《四皮陀六論》，解十八部三藏，文宗學府，先儀所歸，迦旃延子遣人，往舍衛國請馬鳴為製文句。馬鳴既至罽賓，迦旃延子次第解釋八結，諸阿羅漢及諸菩薩即共研辨，義意若定。馬鳴隨即著文經二十年，造《毘婆沙》方竟，凡百萬偈，《毘婆沙》譯為廣解，製述既竟，迦旃延子，即刻石立制云：『今去學此法人，不得出罽賓國，八結文句及《毘婆沙》文句，亦悉不得出國。』恐餘部及大乘污壞此正法，以立制事白王，王亦同意，罽賓國四週，有山如城，唯有一門出入，諸聖人以願力攝諸夜叉神令守門，若欲學此法者，能來罽賓，則不遮礙，諸聖人又以願力令五百夜叉神為擅越，若學此法者，資身之具無所短乏。」

若將上述二文細讀，吾人不難發現其中相異之處甚多。結集的舉行年期，《西域記》爲佛滅後第四百年，而《法師傳》乃佛滅後五百年中，如依學人在上節所作之迦膩色迦王的年代則應爲佛滅後六百餘年⑭。印度人對時間觀念的不重視，給予後人帶來不少的爭論，此其一。

《西域記》以脇尊者爲結集的主持者（首席），而《法師傳》則是迦旃延子。而後者更以《發智論》之製作，與《大毘婆沙論》的編纂二者混爲同時舉行，若依吾人在上數節所認定《發智論》的出現時期爲佛滅後四百年，則兩者比較亦相差有一百多年，此其二。

結集時之人數，《西域記》爲五百賢聖，但《法師傳》則稱五百阿羅漢和五百菩薩，人數相差達一倍有多⑮，此其三。

《西域記》中以結集之結果共爲三十萬頌，其中《鄔波第鑠論》（Upadeśa Śāstra）十萬頌譯釋藏，《毘奈耶毘婆沙論》（Vinaya Vibhāsa Śāstra）十萬頌釋律藏，及《阿毘達磨毘婆沙論》（Abhidharma Vibhāsa Śāstra）十萬頌釋論藏。唯《法師傳》則說凡百萬偈（頌）的《毘婆沙》雖無明言爲廣釋經、律、論三藏，但推測已包括在內，但偈頌的數目亦相異三倍有多，此其四。

其次，《法師傳》又記述迦旃延子遣人往舍衛國請馬鳴至罽賓，解釋八結，義意若定，馬鳴隨即著文，造《毘婆沙論》等事。但據《西藏傳》亦未嘗有記載馬鳴曾赴北印度之行⑯。故馬鳴爲《大毘婆沙論》之筆受亦不可信。

眞諦（四九九——五六九）係由天竺於梁武帝太淸二年（五四八）間來到中國，先後譯出大小乘唯識論六十四部，《婆藪槃豆法師傳》乃是在該時所譯，但玄奘則親履天竺，由印回國後（六四五），將沿途見聞寫成此《大唐西域記》，兩書相隔一百多年，故學人認爲後者之資料較爲可靠。

八、編纂《婆沙》的諸大論師

迦濕彌羅結集的結果，文獻能夠留存到現在的，祇有《阿毘達磨毘婆沙論》，其餘的《鄔波第鑠論》與《毘奈耶毘婆沙論》經已不幸散佚，這也可以說是研究佛教學上的大損失。

根據唐玄奘法師所譯出的《大毘婆沙論》中，可以發覺在結集的五百羅漢中，其最具權威和最高理論者，首推說一切有部的四大論師——世友（Vasumitra伐蘇蜜坦羅）、法救（Dharmatrata達磨邏怛多）、覺天（Buddhadeva佛陀提婆）及妙音（Ghosa瞿沙）。他們四人成爲主要編纂《婆沙》的德高望重論師，極端發展說一切有部的思想體系。

關於世友，依《大唐西域記》所述，乃是婆沙法會的上座，而與著《界身足論》和《品類足論》的作者的世友，因時間上相隔有三百年，故相信實同名異人⑰。唯印順法師和多羅那他師則推定《大毘婆沙論》所稱引的世友，與《品類足論》的作者世友，同屬一人⑱，而梁啓超亦臆測以世友的參與《大毘婆沙論》的結集，爲一不足信的傳說⑲。這個疑問的正確答案，尚要待日後進一步的考證。

至於《異部宗輪論》的作者世友，學人亦認爲就是《大毘婆沙論》結集時的世友，因爲《異部宗輪論》中所論及的各宗派宗義實況，在時間上不會遲於

《大毘婆沙論》的編纂時代。在婆沙會上之世友參加結集之經過如下：

「是時尊者世友，戶外納衣，諸阿羅漢謂世友曰：『結使未除，諍議乖謬，爾宜遠跡，勿居此也。』世友曰：『諸賢於法無疑，代佛施化，方集大義，欲製正論，我雖不敏，粗達微言，三藏玄文，五明至理，頗亦沈研，得其趣矣。』諸羅漢曰：『言不可以若是，汝宜屏居，疾證無學，已而會此，時未晚也。』世友曰：『我顧無學，其猶洟唾，志求佛果，不趨小徑，擲此縷丸，未墜於地，必當證得無學聖果。』時諸羅漢重訶之曰：『憎上慢人，斯之謂也，無學果者，諸佛所讚，宜可速證，以決衆疑。』於是世友即擲縷丸，空中諸天接縷丸而請曰：『方證佛果，次補慈氏，三界特尊，四生攸賴，如何於此欲證小果？』時諸羅漢見是事已，謝咎推德，請為上座，凡有疑議，咸取決焉⑳。」

法救被稱爲尊者法救或大德法救，可見他在當時的地位是很受尊敬，因而推想到他的思想有獨到之處，而對其他的人具有很大的影響力。

法救的其他著作有《法句經》（二卷），乃編集和整理說一切有部所傳的法句，制立品名，鈔采而成。至於《雜阿毘曇心論》和《五事毘婆沙論》，則屬後來同名法救的另一位論師所造的。

覺天和妙音，除了參與《大毘婆沙論》的編纂外，並沒有其他的事跡可考。瞿沙（妙音）著有《阿毘曇甘露味論》，雖義宗說一切有部，但與《大毘婆沙論》的妙音見解並不一致，故被斷定爲另一妙音所作㉑。

世友、法救、妙音和覺天四位論師擔任了結集《大毘婆沙論》的重要角色，經過十餘年的精密思考而完成了說一切有部的完備宗義，爲後來的法相學奠下一個鞏固的基礎。

除了上述的四大論師之外，對迦濕彌羅結集具有影響力的，就是結集的倡議人脇尊者（Pārśva），梵語波栗濕縛，以其勤修苦行，未曾以脇至地而臥，故時人即號之爲脇尊者。脇尊者是犍陀羅國人，曾在母胎六十餘年，所以出世之後，鬢髮皓白。他初爲梵志師，由北天竺，而到中國（中印度），至八十歲時復歸本國，然後才歸依佛教，得六神通、八解脫之阿羅漢，脇尊者著有《四阿含優波提舍》，大行於世，惜現已不傳。他得道的經過是這樣的：

「初，尊者（按即波栗濕縛，唐言脅）之為梵志師也，年垂八十，捨家染衣，城中少年便誚曰：『愚夫朽老，一何淺智！夫出家者，有二業焉：一則習定，二乃誦經，而今衰耄，無所進取，濫跡清流，徒知飽食。』時脇尊者聞諸譏議，因謝時人，而自誓曰：『我若不通三藏理，不斷三界欲，得六神通，具八解脫，終不以脇而至於席！』自爾之後，唯日不足，經行宴座，住立思維，晝則研習理教，夜乃靜慮凝神，綿歷三歲，學通三藏，斷三界欲，得三明智，時人敬仰，因號脇尊者」㉒。

其次，尙値一提的就是馬鳴（A svaghoṣa），這位論師，也名「佛教之詩人」，對被稱爲「讚佛乘」（Stotra Yana）之祖，在佛教界中有很崇高的地位，非常受人尊敬。他在《大唐西域記》中所載，編集《大毘婆沙論》時未見經傳，但在《婆藪槃豆法師傳》裏卻爲結集之主要潤文，無論如何，他畢竟是迦膩色迦王時代的佛教著名大德。馬鳴出身於娑枳多（Sāketa），屬於大衆部系的多聞部比丘，他的作品，除了在《大毘婆沙論》中所引用外，其餘，最著名的有《百五十讚佛頌》、《佛所行讚》（五卷）、《大莊嚴論經》（十五卷）、《本生鬘論》和集成的《十不善業道經》（一卷）等，盛傳後世，至於傳說為馬鳴所作之《大乘起信論》，經近代學者的考據，可能是後人所造，而假託為馬鳴的著述㉓。

馬鳴，異名甚多，有無能勝、黑、勇母兒、難伏黑、達磨彌迦須菩提（具法善現）、綵慧、阿闍梨摩咥哩制吒，與摩底咥吒囉。馬鳴係東印度的桑歧多國（Sāketa）或作娑枳多人，他早年遊化於華氏城（Pātaliputra），本出家為外道通吠陀典；當時脇尊者由北天竺來，折伏了他，然後依佛法出家，稱為辯才比丘。後迦膩色迦王侵伐中印度時，曾要求以三億金的貢獻，未果，卻願以佛鉢及馬鳴相抵，因此馬鳴被帶返犍陀羅，在北天竺廣宣佛法，為迦膩色迦王所尊敬。但亦有傳說，馬鳴當時不允北上，只命弟子代行，故未嘗抵達北天竺的犍陀羅。馬鳴擅長文學，梵語學，通《八分毘伽羅論》㉔，解十八部三藏，亦是有名詩人，偈頌韻樂，無所不精，如《大莊嚴論經》歸敬序所云：「富那，脇比丘，彌識（化地部）諸論師，薩婆室婆（說一切有部）衆，牛王正道（雞胤部）者，是等諸論師，我等皆敬順。」可知馬鳴所學甚廣，於小乘各部皆平等攝受，不偏守大乘一方，故得到印度佛教各宗派所尊崇。其才華畢露，可說是當時佛教界之龍象。

九、《發智論》與《大毘婆沙論》

《發智論》是將《六足論》的精華融會而成，而《大毘婆沙論》更依《發智論》的內容，採納其他各種不同的解釋，加以審愼地編輯而造成，因此該兩書的綱目大致相同，現僅依唐玄奘法師的譯本抄錄如後：

八蘊（篇）	四十四納息（章）	《發智論》	《大毘婆沙論》
雜蘊	世第一法納息	卷一	卷一——九
	智納息	卷一	卷九——二三
	補特伽羅納息	卷一	卷二三——二九
	愛敬納息	卷二	卷二九——三四
	無慚納息	卷二	卷三四——三八
	相納息	卷二	卷三八——三九

無義納息	卷二	卷三九—四二
思納息	卷二	卷四二—四五

結蘊

不善納息	卷三	卷四六—五五
一行納息	卷三—四	卷五六—六三
有情納息	卷五	卷六三—七〇
十門納息	卷五—六	卷七一—九二

智蘊

學支納息	卷七	卷九三—九七
五種納息	卷七	卷九七—九九
他心智納息	卷八	卷九九—一〇五
修智納息	卷八—九	卷一〇五—一〇八
七聖納息	卷九—十	卷一〇九—一一一

業蘊

惡行納息	卷十一	卷一一二—一一六
邪語納息	卷十一	卷一一六—一一八
害生納息	卷十一	卷一一八—一二一

表無表納息	卷十二	卷一二二——一二四
自業納息	卷十二	卷一二四——一二六

大種蘊

大造納息	卷十三	卷一二七——一三一
緣納息	卷十三	卷一三一——一三四
具見納息	卷十三	卷一三四——一三七
執受納息	卷十四	卷一三七——一四一

根蘊

根納息	卷十四	卷一四二——一四六
有納息	卷十五	卷一四七——一四八
觸納息	卷十五	卷一四九——一五〇
等心納息	卷十五	卷一五一——一五五
一心納息	卷十五	卷一五五——一五六
魚納息	卷十六	卷一五六
因緣納息	卷十六	卷一五六

定蘊

得納息	卷十七	卷一五七——一六二

緣納息	卷十七	卷一六二——一六五
攝納息	卷十八	卷一六六——一七三
不還納息	卷十八	卷一七四——一八三
一行納息	卷十九	卷一八三——一八六

見蘊

念住納息	卷十九	卷一八七——一九二
三有納息	卷十九	卷一九二——一九五
想納息	卷十九	卷一九五——一九六
智納息	卷二〇	卷一九六——一九七
見納息	卷二〇	卷一九八——二〇〇
伽陀納息	卷二〇	卷二〇〇

由此可見，從卷數的數量上，《大毘婆沙論》比較《發智論》多出十倍，故其內容之充實、結構之精密和條理之詳析，使吾人不禁對佛教哲學思想的博大精深實感欽佩，而對古東方文化水準，尤覺高超。

說一切有部的理論，到了《大毘婆沙論》的時期已達到最高峰，而說一切有部的思想系統已經徹底完成，該部的教學標準亦得而確立。因此《大毘婆沙論》的地位在小乘佛教的典籍中，佔有了最重要的一部份。

十、有部的教學思想中心

關於說一切有部的本宗法義，在《異部宗輪論》中有如下的著述：

「謂一切有部諸法有者，皆二所攝：一、名；二、色。過去、未來體亦實有，一切法處皆是所知，亦是所識及所通達。生、老、住，無常相，心不相應，行蘊所攝。有為法有三種，無為法亦有三種㉕。三有為相，別有實體，三諦是有為，一諦是無為㉖。」

上述有部特別指出了它的宗義：「我非實有，法為實有」。成立了「三世實有，法體恒有」的一切諸法的實有論。這是簡別大衆部、經量部、法藏部、飲光部的現在實有、過未諸法、體用俱無的宗義。

說一切有部的「一切法實有」是建築在「有因」之上㉗，即是說過（已生）、現（正生）、未（將生）所生的一切，莫不是「有因」，故名說因，所以有部亦可稱爲「說因部」。

《大毘婆沙論》更特別以六卷的數量，不厭其詳地提出「論六因」來解釋三世一切法的「因」（《大毘婆沙論·雜蘊·智納息》中之卷十六至二十一）。最初說明六因的理由，然後分別說出第一種「相應因」，以每一種認識都依賴心和心所的合作，同時生起，同一所依，同一所緣，同一行相，於是便有相應而存在的意義。第二種「俱有因」，對於隨心而轉的諸身語業和不相應行法等同時而起的種種法而生果有同一作用的都是。第三種「同類因」，此種因，關係到異時因果，如過去的善性法對現，未同一界系的善性法，現在的善性法對未來的善性法，更加推到前生對後生，現生對來生，善性惡性，無記性法的相對，個身與他身的關係等同類因。第四種「遍行因」，從不善法的同類因中區別出來，指出一些煩惱法帶有普遍生起後來染法的因，並論及諸法中孰爲偏行，以爲識別。第五種「異熟因」，這從得果的性質作區別，其中論及異熟因與異熟果的關係，指出善、不善性，有漏心，心所法，包括隨心而轉的色，和不相應行，對於所感召後世無記性的色、心、不相應行，種種果法。第六種「能作因」，只有幫助的功能，而有利於果法的生起，所以是等無間緣、所緣、增上緣三類疏緣，最後則論及六因分配於三世、三界、蘊、處、界和六因與五果、四緣的關係。

有部以六因解釋三世一切法存在於各種因果關係的意義，徹底說明三世一切法自必實有的理論，而對當時主張「過未無體」的經量部等宗派加以駁斥，謂他們破壞因果律，「彼撥無過去未來體者，彼應無因，若無因者！果亦應無」，並強調：「若過去未來非實有者，彼現世亦應是無。觀過去、未來，施設現在故，若無三世，便無『有為』，若無『有為』，亦無『無為』，觀有為法，立無為故。若無『有為無為』，應無一切法，若無一切法，應無解脫出離涅槃。」其意義表明倘不承認個人的心理活動，和他對境爲實有體性，則認識的可能性先自不能成立，這樣我們尙有什麼可以憑藉，而能達至覺悟和解脫呢？㉘

關於「法體恒有」，有部的理論認爲有爲法雖有種種的差別，但其變化，僅是表面上的作用而已，至於實體上，卻並無任何變化。故其作用上雖有過去、現在、未來的三世（有爲法）的區別，但實體上並無有區別。這實體（無爲法）恒存不變的立論，結果成爲說一切有部的「三世實有，法體恒有」的教學中心了。

其次，有部雖主張「三世實有」，而對於「我」的問題，亦同其他各部所說「我非實有」的教義，而與犢子部和經量部所稱「我爲實有」不同。有部提出刹那生滅的理論，建立了一切法實有，同時否定有「實我」，所謂「人空法有」以別於外道的常見和斷見。《大毘婆沙論》中有：「空的行相不能決定，因約他性言，則一切法得云空；約自性言，則得云不空，非我的行性，則無不決定，因約自他言皆無我也，故世友常言：我不一定說一切法皆空，定說一切法皆無我。」故所謂「我」者，並非實在，乃是衆生之虛妄所執的表現而已。

十一、法勝與法救

《大毘婆沙論》經過編集後，成爲說一切有部的根本典籍，因爲《大毘婆沙論》不許外傳的緣故，所以欲學該論者，都需到迦濕彌羅去留學，才可以成爲著名的有部毘婆沙師。此後，習學的人更多了，原來留在迦濕彌羅的保守份子被稱爲迦濕彌羅系統論師，其餘流傳到西方各地的改進份子，成爲犍陀羅系統論師，他們都以《大毘婆沙論》爲中心，展開了自由批判的論議，所以著作紛陳，洋洋大觀，因而影響到以後研究《阿毘達磨》學風凡三百年，直至小乘佛教衰落時期才告終止。

《大毘婆沙論》的卷數有二百卷之多，而其結構過於複雜，其論據亦太繁瑣，對於學習的人甚感困難。於是有識之士便開始將其簡化，摘要和編成綱要的書籍出現。最先有迦濕彌羅的尸陀槃尼作《鞞婆沙論》（十四卷），乃阿毘曇八犍度廣說，跟着有塞建陀羅造《入阿毘達磨論》（二卷），乃說一切有部教義略評書，成爲學習《大毘婆沙論》的入門書。

其次，更有犍陀羅系的法勝造《阿毘曇心論》和法救造《雜阿毘曇心論》。因爲前者的內容過於簡略的緣故，所以有後者產生的需要以註釋前者的著作。因此法勝和法救二人均爲婆沙之紹繼者。

法勝（Dharmasreṣthin）係吐火羅（Tukhāra）的縛蠋國人，他的出生年代有數種傳說，如《雜阿毘曇心序》說：

「如來泥洹，數百年後，有尊者法勝，於佛所說之經藏中，抄集事要造二百五十偈，名《阿毘曇心》。」

普光《俱舍論記》則曰：

「佛涅槃後五百年中，炎羅縛蠋國之法勝論師造《阿毘曇心論》。」

而吉藏《三論玄義》有：

「七百餘年，有法勝羅漢，嫌婆沙太博，略撰要義，作二百五十偈，名《阿毘曇心》。」

以上三者，根據各學者的考據，以七百餘年之說較為合理，因為該時距離《大毘婆沙論》的編集已有一百年，正是龍樹提婆提倡大乘空宗時期，法救出而力挽小乘狂瀾，故有《心論》著作，為方便小乘的學者緣故。

如上面所述，法勝造二百五十偈而成《阿毘曇心論》，這樣，在《阿毘達磨》的發展中，法勝是首創以偈頌來說明《阿毘達磨》的論議，他以少文攝多義，可說是一種新的嘗試，爲了便利初學者記誦而設，故在慧遠的《阿毘曇心論序》中，就對此種學風非常加以稱讚，認爲：「《阿毘曇心》者，三藏之要頌，詠歌之微言。」可見一斑。因此法勝對有部《阿毘達磨》的弘揚，可謂極費心思了。

關於《阿毘曇心論》（四卷）中之長行是何人所作之說，學者之間亦有不同的見解㉚，除了《阿毘曇心論經》（六卷）註明爲法勝論、優波扇多釋外，故有《俱舍論》廣法義爲：「**心論頌屬法勝，釋屬優婆扇多，其四卷六卷為同本異譯**」之說。後經比較研究，認爲此說不能成立，並非同本異譯，仍以四卷《心論》之長行係屬法勝所造。

另一本註釋法勝心論就是法救的著作《雜阿毘曇心論》（十一卷）。對《心論》提供了不少的補充資料，和新的解釋內容。

法救（Dharmatrata梵名達磨多羅），是犍陀羅國人，在布色羯邏伐底城（Puskaravati）造這部雜心論㉛。至於他的出生年代，再引述普光《俱舍論記》說：「**至六百年，達磨多羅，即法救……**」造《雜心論》，而與以前所說五百年法勝造《心論》，相距有一百年。

但根據嘉祥《三論玄義》則有異說：

「千年之間，有達摩多羅，以《婆沙》太博，四卷《心論》太略，更造三百五十偈補足四卷，為六百偈，名曰《雜心》。」

若依這種傳說，則法勝與法救，會有二百年的距離。其時已在世親的《俱舍論》之後，這點未免使人懷疑。因《雜心論》曾爲《俱舍論》作參考之用。故法救在世年代應爲法勝之後約一百年，即是在佛滅後八百餘年（約西紀三百五十年間）時造《雜心論》的。

法救的著作，除了《雜心論》外，尚有《五事毘婆沙論》（二卷）。《五事毘婆沙論》乃註釋世友所作的《品類足論》第一編的《五事品》。故有人曾懷疑《五事毘婆沙論》是否婆沙四大論師之法救所造？於是學者根據各論的內容加以分析，發現《五事毘婆沙論》與《雜心論》的見解相同，故斷定爲後來之法救所造，茲舉其中一例如下：

《大毘婆沙論》：「或有執眼識見色，如尊者法救。」

《五事毘婆沙論》：「眼根能見，然與眼色相合無餘。」

《雜心論》：「自分眼見色，彼眼識非見，非慧，非和合，不見障色故。」

茲將各種《阿毘達磨》論書列下：

《阿毘達磨發智論》（Abhidharmajñānaprasthāna-śāstra）（二十卷）迦多衍尼子造　唐玄奘譯

（異譯）《阿毘曇八犍度論》（三十卷）迦旃延子造　符秦僧伽提婆、竺佛念共譯

《阿毘達磨大毘婆沙論》（Abhidharma-mahāvibhāsa-śāstra）（二百卷）五百羅漢釋　唐玄奘譯

（異譯）《阿毘曇毘婆沙論》（六十卷）五百羅漢釋　北涼浮陀跋摩、道泰等譯

《鞞婆沙論》（Vibhāsa-śāstra）（十四卷）尸陀槃尼造　僧伽跋證譯

《五事毘婆沙論》（Pañcevastukavibhāsa）（二卷）尊者法救造　唐玄奘譯

《入阿毘達磨論》（Abhidharma vatara-śāstra）（二卷）塞建陀羅造 唐玄奘譯

《眾事分阿毘曇論》（Abhidharma prakaranopāde－śāstra）（十二卷）尊者世友造 求那跋陀羅、那連提耶舍譯

《舍利弗阿毘曇論》（Sariputra bhidharma-śāstra）（三十卷）曇摩耶舍、曇摩崛多共譯

《阿毘曇甘露味論》（Abhidharmamrta((rasa))-śāstra）（二卷）瞿沙（妙音）造 佚名譯

《阿毘曇心論》（Abhidharmahrdaya-śāstra）（四卷）法勝造 晉僧伽提婆惠遠共譯

（異譯）《阿毘曇心論經》（六卷）優波扇多譯 那連提耶舍譯

《雜阿毘曇心論》（Samyu Ktabhidharma hrdaya-śāstra）（十一卷）法救造 宋僧伽跋摩等譯

十二、大乘空宗建立時期

自《大毘婆沙論》結集後，有部的宗義更趨於精密而形式更流於繁瑣。況且迦濕彌羅系論師保守成性，固步自封，形成國外有部各稟師承，相繼立說，與之對抗，如犍陀羅系西方師和經量部譬喻師等，都站在敵對的地位，相方形同水火。

同時，自佛滅後六百年，由馬鳴的倡導，經過龍樹的大力弘揚，大乘教正呈現方興未艾的現象，對於小乘有宗的形勢，已處於極端不利的地位。

那時大乘空宗的勃興，主要是因爲上座部的執有，漸漸地流爲形式的佛教；在果位上，成爲自己解脫的阿羅漢，與佛陀的利他精神大相逕庭，所以空宗乘機而起，戮破有部的法執，實在是歷史的必然性。

在部派佛教的後期，大乘經典如《般若經》、《寶積經》、《妙法蓮華經》、《方廣經》等單行本已經陸續出現，開始廣泛流通，而且經過馬鳴論師、龍樹論師的宣弘，新興的大乘學派終於誕生了，尤其是後者，更創立了大乘佛教的中觀學派。

龍樹論師（Nāgārjuna）大約出生於佛滅後約五百年的南印度毘達婆，係婆羅門羅睺羅的弟子，因此，最初學外道，後進入佛教學小乘，繼而轉入大乘，曾受教育於那爛陀大學，深究各宗派的經典，精研大小乘教理，又傳他曾在南天鐵塔取出密乘經典，又在龍宮誦出《華嚴》大經，故被稱爲八宗之祖師。有一種傳說，龍樹的壽命很長，有數百歲，另一個傳說是他偶然入月輪三昧而寂的，當時他是七十一歲。他的居住是在今日的案達羅龍樹山。

中觀學派主要是斥破有執和邊見，認爲一切事物性乃非常、非無常、非生非滅、非一非異、非來非去，使人們能從概念的巢臼中解脫出來，他否認個性和「我」的存在，所有的事物都是各種因素所組成，人亦是由精神和物質而合成，所以是虛妄不實的。從他所著的《中論》中有云：「因緣所生法，我說即是空，是名爲假名，亦名中道義。」但是他的空義並不應當解成爲斷見或虛無，而應當作爲「無常」或緣起的意思。

他的主要著作有《中論》和《十二門論》，理論的中心爲破斥小乘的法執，建立「人法二空」的思想系統，他更著了一部《大智度論》來宣揚他的中觀學派，他又著了《非譬喻頌》、《世間頌》、《金剛心頌》、和《眞諦頌》四種頌，含有很濃厚的宗教情操，所著的《因緣心論》和《經集論》又有很高深的教義內涵。而《大智度論》則是《大般若經》的釋論。

繼龍樹論師之後，有提婆，提婆著有《百論》，與龍樹的《中論》、《十二門論》，合稱空宗的《三論》，係大乘般若系的根本典籍。

龍樹的教學，主要是破邪顯正，破斥外道的邪見、小乘的執有見，而正顯大乘的空義，這種中道理論受到了當時許多人的歡迎，所以傳播甚爲迅速。這種「空性」思潮，直接影響到小乘佛教的範圍內。

大衆部自從與上座部分裂後，在數百年間已經分成許多枝末派系。他們發展自由思想，所以與傳統性的上座部教學漸漸有很大的分別，自從龍樹提倡大乘空性後，大衆部各部派受了極大的影響，在中印度一帶的部派已逐漸接近大乘。例如，他們主張一切的存在雖都離開自己，但與自己是有關係的，故三世的存在，並無獨立的實體性。因此一切法乃是由於主觀而存在，而客觀的境亦是不能離開認識的主觀而有。「能所對立，根境相待」這種謂之假設（破執）的理論，實際已逐漸溶化於大乘的教義中了。

十三、經量部的思想中心

經量部是由說一切有部分裂出來的，在《異部宗輪論》中記述：

「至第四百年初（佛滅後），從說一切有部復出一部名經量部，亦名說轉部，自稱我以慶喜㉜為師。」

因爲經部師唯依經藏爲正量，不依律藏和對法（論藏），故名經量部；亦名說轉部，以這部師說有種子，唯一種子現在相續轉至後世，在未得道時不滅，故言說轉部，即舊名說度部，「謂五陰從此世度至後世，得治道乃滅」㉝。

經量部的祖師是鳩摩羅多（Kumārarata），依《俱舍光記》有：

「鳩摩羅多，此云童壽，是經部祖師，於經中造《喻鬘論》、《痴鬘論》、

《顯了論》等。」

鳩摩羅多於坦叉始羅國，即是德思瓦（Taxila）造《喻鬘論》，集諸奇事，名譬喻師，是爲經部譬喻師一系，它的特色是：內修禪觀，外勤教化，頌稱佛德，廣說譬喻。其後又有室利邏多（Srirata）在阿踰陀（Ayodhya）造經部《毘婆沙》，成爲上座的經部主流。

至於鳩摩羅多的出生年代，有《大唐西域記》所載，是與馬鳴、提婆、龍樹同時先後出世，被號爲「四日照世」的傳說，然馬鳴和提婆之間已相差一百年，故鳩摩羅多在提婆之後一百年，即佛滅後八百年出世，亦有可能。室利邏多比鳩摩羅多約遲五十至一百年，維護經部的正統，大成經部的宗義。

經量部的譬喻師是以四諦概括佛說來釐定他們的宗義綱領。這可以從鳩摩羅多的弟子訶梨拔摩（Harivarman）所著的《成實論》，和稍後於世親的婆藪跋摩（Vasuvarman）的《四諦論》中可以見到。他們的思想體系和說一切有部的理論已相差甚遠，採取了反「阿毘達磨」的立場，而以經藏爲主，改宗「現在有」義，主張「界是實法，蘊處是假」之學說。

經部教學在佛滅後八百至一千年間極爲燦爛，那時，當龍樹、提婆的中觀學正在興盛，而無著、世親的瑜伽學亦醞釀成熟的階段，經量部的思想亦因此受其影響，所以後期的經部學已經有傾向於大乘的趨勢，例如《成實論》接近大乘空義，和後來世親的《俱舍論》，已漸漸轉化爲大乘法相有宗。故稱經部爲初級大乘，亦不爲過。這是由於龍樹以經量部學說作爲他的出發點，至少他是以經量部學說作爲批評的對象；而世親亦是以經量部的立場，而批判說一切有部的學說，成爲他的主要觀念，因此大乘佛教的兩大主流，中觀與瑜伽學派都是與經量部有密切關係。

茲將印度小乘佛教兩大部的思想系統轉化的程序列表如下：

小乘	大衆部	說假部		大乘經典	《成實論》	法性宗	大乘
	上座部	說一切有部	經量部		《俱舍論》	法相宗	

十四、世親與衆賢

說一切有部的教學體系在迦濕彌羅結集以後，三百年來雖然受到了經量部和大衆部新的思潮所影響，但依然是以佛教的正統自居，相續流傳，未嘗有替。可是到了佛滅後九百餘年，自從世親造《俱舍論》，以經量部的立場，折衷上座部各派的學說，而批評說一切有部的教學，綜合而歸於正理的精義後，使說一切有部激起了很大的動盪。於是，由衆賢（Saṃghabhadra）出而作《順正理論》，以維護說一切有部和反擊《俱舍論》的經量部思想。在這個高潮出現以後，印度佛教的小乘地位，便漸漸地衰微下去，被大乘的瑜伽宗取而代之了。

關於世親的傳略，可從《婆藪槃豆法師傳》中得見其詳：

「婆藪槃豆法師者，北天竺富婁沙富羅國（Purusapura）人。富婁沙譯為丈夫，富羅譯為土……此土有國師婆羅門，姓憍尸迦有三子同名婆藪槃豆，婆藪譯為天，槃豆譯為親。天竺是名，有此雖同一名，復立別名以顯之，第三子……別名比鄰持跋婆……長子……名阿僧伽譯為無著……第二子……亦於薩婆多部出家……兄弟既有別名，故法師但稱婆藪槃豆。……」

至於世親與衆賢的諍論經過，亦在《婆藪槃豆法師傳》中有詳述：

「……佛滅後九百年中……天親彌復憤懣，即造《七十真實論》破外道所造《僧佉論》……法師爾後更成立正法，先學毘婆沙義已通，後為衆人講毘婆沙義，一日講，即造一偈，攝一日所說義，刻赤銅碟以書此偈，標置醉象頭上，擊鼓宣令，誰人能破此偈義，能破者當出，如此次第造六百餘偈，攝毘婆沙義皆盡，一一皆爾，遂無人能破，即是《俱舍論偈》也。偈足後，以五十斤金並此偈寄與罽賓諸毘婆沙師，彼見皆大歡喜，謂我正法已廣弘宣，但偈語玄深，不能盡解，又以五十斤金，足前五十，為百斤金，向法師，乞法師為作長行，解此偈義。法師即作長行解偈，立薩婆多義，隨有僻處，以經部義破之，名為《阿毘達磨俱舍論》。論成後，寄與罽賓諸師，彼見其所執義壞，各生憂苦……此外道慙忿，欲伏法師，遣人往天竺，請僧伽跋陀羅法師（按即衆賢）來阿踰闍國，造論破《俱舍論》，此法師至即造兩論：一、《光三摩耶論》有一萬偈，止述毘婆沙義，三摩耶譯為義類，二、《隨實論》有十二萬偈，救毘婆沙義破《俱舍論》，論成後，呼天親更共面論決之，天親知其雖破，不能壞俱舍義，不復將彼面共論決。……」

根據《大唐西域記》卷四，秣底補羅國條下，則有不同的記載：

「衆賢論師，迦濕彌羅國人也，聰敏博達，幼傳雅譽，特深研究說一切有部《毘婆沙論》。時有世親菩薩，一心玄道，求解言外，破毘婆沙師所執，作《阿毘達磨俱舍論》，詞義善巧，理致精高，衆賢循覽，遂有心焉，於是沈研鑽極，十有二歲，作《俱舍雹論》，二萬五千頌，凡八十萬言矣。所謂言深致遠，窮幽洞微，告門人曰：『以我逸才，持我正論，逐斥世親，挫其鋒銳，無令老叟，獨擅先名。』於是學徒四三俊彥，持所作論，推訪世親。世親是時，在磔迦國奢羯羅城，遠傳聲聞，衆賢當至。世親聞已，即治行裝，門人懷疑……世親曰：『吾今遠遊，非避此子，顧此國中，無復鑒達，衆賢後進也，詭辯若流，我衰耄矣，莫能持論，欲以一言，頹其異執，引至中印度，對諸耄彥，察乎真偽，詳乎得失。』尋即命侶，負笈遠遊。衆賢論師，當後一日，至此伽藍（按即秣底補羅國），忽覺氣衰，於是裁書，謝世親曰：『如來寂滅，弟子部執，傳其宗學，各擅專門，黨同道，疾異部，愚以寡昧，猥承傳習，覽所製《阿毘達磨俱舍論》，破毘婆沙師大義，輒不量力，沈究彌年，作為此論，扶正宗學，智小謀大，死期將至，菩薩宣暢微言，抑揚至理，不毀所執，得存遺文，斯為幸矣，死何悔哉！』門人奉書至世親所而致詞曰：『我師衆賢，已捨壽命，遺言致書，責躬謝咎，不墜其名，非所敢望。』世親菩薩，覽書閱論，沈吟久之，謂門人曰：『衆賢論師，聰敏後進，理雖不足，詞乃有餘，我今欲破衆賢之論，若指諸掌，顧以垂終之託，重其知難之詞，苟緣大義，存其宿志，況乎此論，發明我宗。』遂為改題為《順正理論》……」

上述兩文不同之點，爲衆賢造論的地點不同，時間所需不同，和所造之論名稱及偈數不同，然後人皆宗玄奘之《西域記》以爲正確，以其較具眞實性。

衆賢除了造《阿毘達磨順正理論》（八十卷）以破《俱舍》，維護《婆沙》外，並造《阿毘達磨藏顯宗論》（四十卷），雖然亦是以《俱舍論》爲解釋對象，並以《阿毘達磨毘婆沙》眞義顯正出來，爲有部之正統宗義。衆賢之著作，因稍異於《大毘婆沙論》，故後來學者稱之爲「婆沙新義」。

衆賢雖曷覃精力造了上述二部婆沙典籍，而對《俱舍論》本身並未有絲毫損害。概《俱舍論》之立論精密，結構完善，集《六足論》、《毘婆沙論》和經部要籍之精要於一爐，世親將其整理、歸納、攝要而成，故其組織嚴密，條理分明，不愧後人號之爲《聰明論》。

茲列各論於下：

《阿毘達磨俱舍論》(Abhidharma Kośa-śāstra)(三十卷)世親造　玄奘譯(異譯)

《阿毘達磨俱舍釋論》(Abhidharma Kośa ((vyaKhyā))-śāstra)(二十二卷)世親造　眞諦譯

《阿毘達磨順正理論》(Abhidharma-nyāyanusāri-śāstra)(八十卷)衆賢造　玄奘譯

《阿毘達磨藏顯宗論(Abhidharmapitakaprakarana-śāstra)(四十卷)衆

十五、笈多王朝的盛衰

在佛滅後七百年間，印度北方的犍陀羅國貴霜王朝（Kushan Dynasty）（西紀四八至二二六年）和南方的德干高原的安達羅王朝（西紀前二二五——西紀二二五年）同告終結，於是大月氏人和達羅毘茶人（Dravidians）的勢力便開始衰落，代之而起的便是在中印度的雅利安人（Aryans），恢復以前的統治地位，這便是印度有名的笈多王朝（Gupta Dynasty）。

笈多族人原是孔雀王朝（Maurya Dynasty）的後裔，係華氏城的一個藩候，到了西元三世紀的後期，勢力強大起來，在西紀三二〇年時，旃陀羅笈多（Chandra gupta）稱王，便開創笈多王朝。

跟着笈多王朝興起而帶來的，便是婆羅門教的復活。因爲當時的佛教由於部派的繁多，教義趨向於繁瑣的名相解釋，失去了宗教的精神。同時統治者爲了鞏固他們的地位，恢復了婆羅門的階級制度，所以在以後的數位笈多帝王的時代，都是極力的復興婆羅門教的。

新的婆羅門教也抄襲了佛教一部份的教理和制度，所以對於神像的塑造，與廟宇的建造和藝術的雕刻，都模仿佛教的風格，而滲入他們本有的形式，他們所信奉的梵天（Brahmā）創造神、毘紐奴（Vishṇu）守護神，和濕婆（Śiva）破壞神爲中心的多神主義，而實際代表這種有神的思潮的經書，乃以《薄伽梵歌》爲頂點，況且加上印度廟的更多建造，於是在祭典的形式上更具有宗教的意味。

旃陀羅笈多王死後，由其子三慕達笈多（Samudra gupta）繼位，三慕達笈多更征服了印度北方諸國，即往日貴霜王朝的領土，並向安息（Parthia）推進，然後南下印度羯餧伽（Kalinga）和孟德拉斯（Madras），直達楞伽島（Lanka）統一印度，並由華氏城遷都於阿踰闍（Ajodhya），極力復興印度古代文化。

旃陀羅笈多二世於西紀三八〇年繼其父王即位，在他的統治下，印度更爲繁榮和安定，因此成爲印度的文學藝術的黃金時代，我國的法顯高僧也在這個時期留學印度的（西紀三九九——四一五年）。

在許多位笈多的帝王中，可惜都是信奉婆羅門教的，只有一位塞建陀笈多（Skandagupta）是信仰佛教的。那時的佛教思潮仍然根深蒂固地深入民間，而佛教的僧侶正在力圖挽救佛教的危機，以對抗婆羅門教，爲了要使佛教更適合一般人的需要，於是便有大乘佛教的產生，從個人的解脫走向普渡衆生，從僧侶的範圍擴展到在家的男女居士，從一位釋迦佛陀，轉移到諸佛菩薩，從複雜保守的小乘教義，改革成爲簡易自由的大乘思想，這些轉變在西紀三百年前後作急激地發展，直到佛教滅亡時（西紀一千年）都依循着這個目標。

世親（Vasubandu）也是塞建陀笈多時代受到帝王的尊敬而力倡佛教，可是在他造了《俱舍論》後，亦因爲受了長兄無著（Asanga）的影響而轉向大乘，並且在建立瑜伽宗的教學上有了很大的成就，與較早提倡中觀派教學的龍樹成爲印度大乘佛教的兩大巨流，奠定印度大乘佛教的空有兩派的基礎。

茲將笈多王朝歷代帝王的時代列下：

西紀三二〇——三三五年　旃陀羅笈多一世（Chandragupta I）
西紀三三五——三八〇年　三慕達笈多（Samudragupta）
西紀三八〇——四一五年　旃陀羅笈多二世（Chandragupta II）
西紀四一五——四五五年　古馬那笈多（Kumaragupta）
西紀四五五——四八五年　塞建陀笈多（Skandagupta）
西紀四八五——五三〇年　那拉新夏笈多（Narasinhagupta）

在笈多王朝以後，印度的歷史又踏入了一個新的階段，印度佛教亦面臨婆羅門教復活的嚴重挑戰，而結果逐漸地衰退下來，終於被新興的印度教所代替，成爲以後印度宗教的主流。

十六、後記

印度佛教之迦濕彌羅結集（第四結集）並未爲南傳佛教傳統所承認，北印度方面所傳：

「南傳佛教並不承認此次結集，在錫蘭之編年史並沒有關於該次結集的記載，上座部（Theravāda）各部宗徒沒有參加該次會議是肯定的，根據西藏的紀錄，該次會議所獲得成果之一，就是兄弟間紛爭得到和解，所有十八部派均認許那是真實義理的庫藏。」㉞

故不祇在印度，其他在錫蘭、緬甸、泰國等地，均沒有記錄該次結集的歷史，因而成爲佛教的一個懸而未決的疑問。

雖然如此，北傳佛教卻對迦濕彌羅結集經過甚爲重視，其事實乃根據我國玄奘三藏法師所著《大唐西域記》，其事敍述甚爲詳盡，成爲強而有力的證據。玄奘法師回國後，重將該次結集的成果——《阿毘達磨大毘婆沙論》（二百卷）譯成中文，成爲研究小乘佛教教理的必讀參考典籍。此部碩果僅存的論典，乃屬「阿毘達磨」的精華，爲當時說一切有部五百大阿羅漢的集體結晶作品，對影響日後的大乘佛教發展甚爲巨大。因此，迦濕彌羅結集在佛教的歷史上實在具有其重大的意義。

根據西紀一九七五年六月，紐約時代通訊社在克什米爾之斯立那加發出一篇報導謂：

「一套刻有一千九百年前的佛教會議之決議紀錄之銅版，據報已經在克什米爾山谷的山下斯立那加城南部約五十英里地方被發現。

「第四次國際佛教會議曾經在斯立那加附近舉行，其時為迦膩色迦王時代，他在最初世紀的末期統治古代印度的摩竭陀王朝，參加集會的大德約在佛陀入滅後六百年舉行，其結果製定重要的決議，以滅除佛教各部派不和的評論，同時將佛教文獻用文字紀錄下來。

「該次會議的決議共有六百六十萬字，並製成三十萬偈頌，並且刻寫於銅版上，貯藏在石函中並埋藏於一枝大石柱下面。

「穆罕默德阿棉先生是一位克什米爾穆斯林檔案者宣稱，經過許多年發掘之後，他已發現一枝石柱，重量約一噸，一個佛陀的陶像和一個由迦膩色迦王發行的銅幣。這些發現顯示他已經找出該會議議案的貯藏地點之確實位置。他計劃在下月斯立那加舉行世界佛教大會時報告發現經過。

「阿棉先生希望很快能開始作全盤發掘，因為古代會議紀錄的地點許久以來已經為考古學家和學者所夢寐以求，因此，專家認為他們的發現對整個佛教世界將有重大的意義。」

由此可知，迦濕彌羅結集的重要性為世所重視，以上的報導無疑令人感到鼓舞和興奮，可惜以後再沒有聽到更詳盡的消息，而關於該報導所稱的世界佛教大會有無舉行？結果如何？實在令人關注！

迦濕彌羅為貴霜王朝所統治，其祖先血統乃淵源自我國的甘肅一帶的月氏族，故實為構成我國多種民族的一份子，與我國的關係可謂十分密切，我國東晉時法顯和唐朝玄奘三藏法師先後曾到迦濕彌羅地方留學，其時為西紀七世紀，迦濕彌羅的佛教已開始衰落。

由西紀八世紀初葉，已有阿拉伯人和突厥人（古新疆之一種民族）入侵，先後傳入回教，成為後來印度一大宗教，西紀十二世紀前後，阿富汗人入主印度德里，亦曾經先佔據了克什米爾成為帕拉瓦帝國，統治該地凡三百餘年（一一九三——一五二六），成為回教的國家之一。

到了西紀一五二六年，蒙古巴比爾（Babar）的蒙兀兒從新疆入克什米爾，取印度，建立莫臥兒王朝（Mogul Dynasty），凡二百餘年，因此蒙古人在該地亦被同化，將印、回兩教調和起來，直至西紀一七四七年，英、法開始在印度爭奪殖民地，而英國於西紀一八七七年維多利亞女王兼併印度，克什米爾地區始為英國人所佔領。

西紀一九四七年，英國宣佈還政於印，准許印度獨立。印、巴分別成為兩個國家——印度與巴基斯坦，各土邦不得單獨申請為自治領，但可加入制憲會議，所以克什米爾仍是妾身未分明，因為當時克邦的藩王係印度教徒，希望歸併印度，而該邦四百萬人民，百分之八十是回教徒，應歸入巴基斯坦，故自西紀一九四七年十月起，雙方便有發生流血的武裝衝突，延綿不斷，後來經過聯合國調停，雙方同意由克邦舉行公民投票自決，其後因為種種關係，尚未付諸實現，因此克什米爾的歸屬問題至今仍未有解決的跡象，學人執筆至此，不禁為之嘆息！謹願該佛教發祥地不久能達成妥協辦法，帶來世界永久的和平！

以上乃學人根據各種參考資料寫成關於迦濕彌羅結集的史實和考據，以最初該次結集的發起人迦膩色迦王的族人為開始，然後敍述其背景、成因、過程及其結果，最後論及該結集對以後印度佛教所起之作用，勾劃出一個概括的輪廓，俾讀者對第四結集有一個清澈的概念和觀感，並且希望藉此能引起大家對該次結集的研究興趣，而對佛教的歷史有更多的貢獻。

最後學人引用佛學名家湯用彤先生對研究小乘佛教者，應有如下的態度，作爲吾人研究小乘佛學時之借鏡：

「敘述小乘佛教各宗派最難，而最須注意者有二事：一為各部學說之不同，一為諸部間變遷之線索。就各宗之異義研究，旨在顯其特殊之精神，如迦旃延執一切有，則言一切法三世皆有自性；經部反一切有，則主一切法非三世有而蘊處假界實，因此二宗對於心色不相應行等，各有自成系統之理論。就部執間之線索言之，則旨在表明佛陀教化之一貫精神，如一切有部言一切諸法皆有自性。大乘方廣主一切諸法皆無自性，言雖逕庭而義實相成，蓋談有談空，而諸固均發揮佛陀三法印之玄趣也，近代學者往往特別注重佛教各宗之不同，而諸部遂似為互相鑿枘之派別，而不能窺佛法全體之真相。」

細味斯言，殊爲重要，故特錄出，願學佛者能體會其中意義，對於研究佛法的各宗派體系時，當有所幫助也。

註釋

①見印順法師之《原始佛教聖典之集成》。

②參閱《大史》、《島史》及《善見律毘婆沙》（卷二）。

③《六足論》的作者與年代，現依傳統所說，見《俱舍論（光）記》（卷一）

④見呂澂著《阿毘達磨汎論》。

⑤中國向例常以r或l之音譯為n音，故pil或pir即譯成「賓」pin音。

⑥見崛謙德著《佛教史上之迦濕彌羅》。

⑦見白鳥氏著《月氏國之興亡》。

⑧見《史記》「天宛傳」，按：祁連為山名，在張掖（甘州），酒泉（肅州）之南境，屬南山之一部。

⑨見《史記》「大宛傳」：「（老上）單于死，昆莫乃率其衆遠徙，中立，不肯朝會匈奴。」時為漢文帝後元三年（西紀前一六一年）。

⑩依藤田豐八著《大宛貴山城與月氏王庭》。有別於《漢書》之藍氏、《後漢書》及《魏書》

之盧監氏。

⑪見梁啓超著《佛教與西域》。

⑫見塚本等之《印度佛教史概說》。

⑬見《高僧傳》（卷一）。

⑭此結集年代正與嘉祥的《三論玄義》所說之佛滅後六百年中合。

⑮西藏更傳說集會者有五百羅漢、五百菩薩和五百異生班支達（Pandita）。見多羅那他的《印度佛教史》。

⑯這是與多羅那他（Taranatha）的《印度佛教史》載馬鳴晚年時，不願北上，遣弟子智稱代行，故與致迦王書之傳說吻合。

⑰見再橋水哉著《小乘佛學概論》。

⑱見印順著《說一切有部爲主的論書與論師之研究》及多氏之《印度佛教史》。

⑲見梁啓超著《讀異部宗輪論述記》。

⑳見《大唐西域記》卷三「迦濕彌羅」條。

㉑見印順著《說一切有部爲主的論書與論師之研究》

㉒見《大唐西域記》卷二——「迦膩色迦王伽藍」條。

㉓見《大乘起信眞僞辯》。

㉔《八分毘伽羅論》（Vyakarana））新譯《毘阿羯剌拏》，譯作《聲明記論》，乃屬印度五明中的聲明，釋諸音聲韻。近代學者呂澂著有《聲明略》作爲介紹。

㉕有爲法三種者：謂過去、現在、未來三世；無爲法三種者：乃虛空、擇滅、非擇滅的三種無爲。

㉖三諦——苦、集、道諦是有爲；一諦——滅諦是無爲。

㉗見呂澂著《略述有部學》。

㉘見梁啓超《說大毘婆沙》。

㉙見印順著《說一切有部爲主的論書與論師之研究》及再橋水哉著《小乘佛學概論》。

㉚呂澂在《阿毘達磨汎論》中舉五證說長行非法勝所造，唯印順在《說一切有部爲主論書與論師之研究》則爲之作辯，證明爲法勝所作，而以《甘露味論》爲依據。

㉛見《大唐西域記》卷二。

㉜慶喜即阿難（Ananda）。以第一結集時，由阿難誦出經藏，故以阿難爲師。

㉝見陳眞諦譯《部執異論》。

㉞見印度政府出版《佛教的二千五百年》。

參考書籍

支那內學院出版《內學》中之呂澂：《阿毘達磨汎論》及劉定權：《經部義》

再橋水哉著：《小乘佛學概論》

印順法師著：《說一切有部爲主的論書與論師之硏究》

梁啓超：《佛學硏究十八篇》

高楠順次郎、木村泰賢合著《印度哲學宗教史》

佐佐木教悟等著：《印度佛教史概說》

羽田享著，耿世民譯：《西域文化史》

多羅那他著：《印度佛教史》

摩文開著：《印度歷史故事》

境野黃洋著，慧圓居士譯：《印度佛教史》

呂澂著：《印度佛教史略》及《印度佛學源流略講》

釋東初著：《中印佛教交通史》、向達編：《中西交通史》
黃懺華著：《印度哲學史綱》
馮承鈞譯：《歷代求法翻經錄》、馮承鈞編：《西域地名》
藤田豐八著：《西域研究》、羽溪了諦：《西域之佛教》
伯希和沙畹等著：《史地叢考》

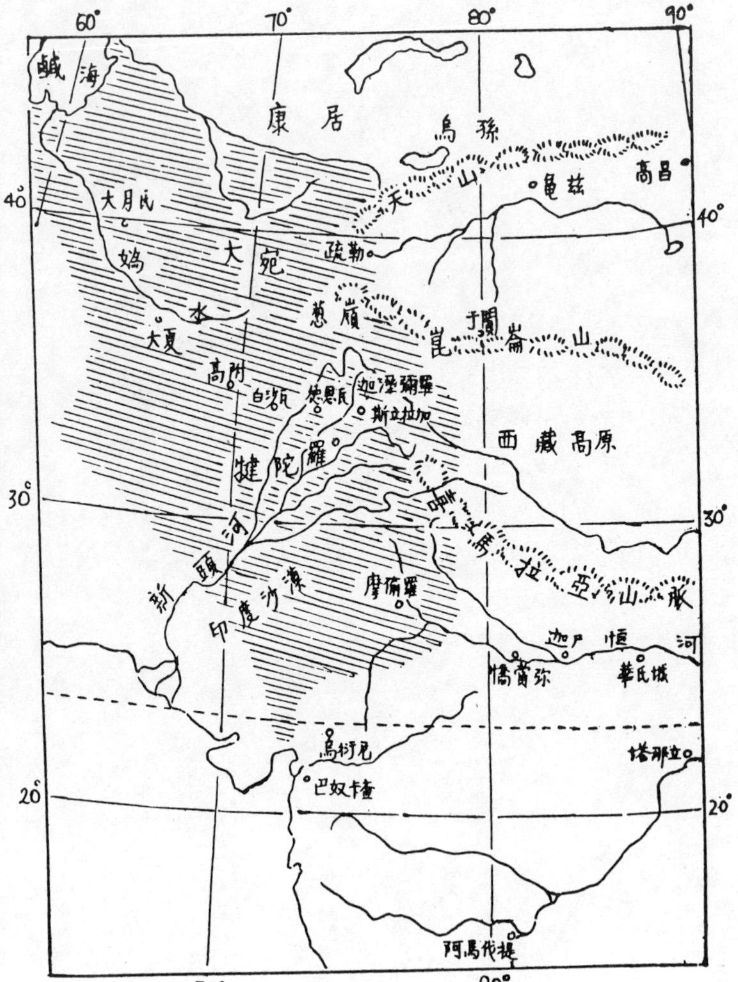
60°
70°
80°
90°
40°
30°
20°
鹹海
康居
烏孫
天山
龜茲
高昌
大月氏
媯水
大宛
疏勒
葱嶺
于闐
崑崙山
大夏
高附
迦溼彌羅
斯立拉加
西藏高原
犍陀羅
新頭河
印度沙漠
摩偷羅
喜馬拉亞山脈
恒河
華氏城
塔那立
巴奴卡查
阿馬代提

貴霜王朝地圖

佛陀於菩提樹下降魔成道

佛陀初轉法輪

鹿野苑——初轉法輪塔

佛陀於人間行道弘法

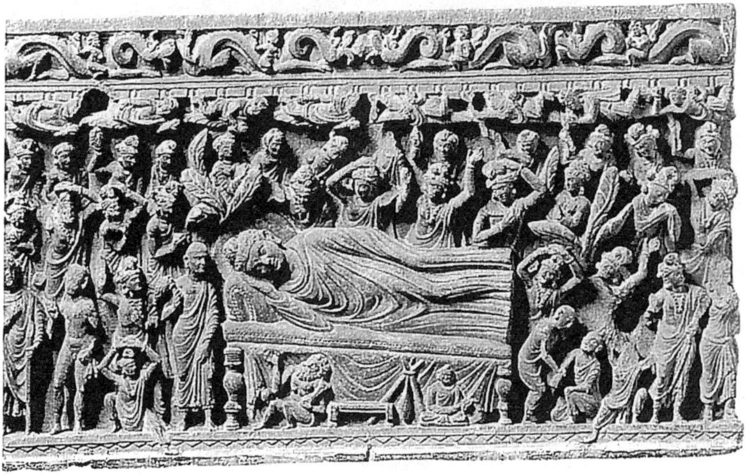

佛陀涅槃圖

阿育王的石柱

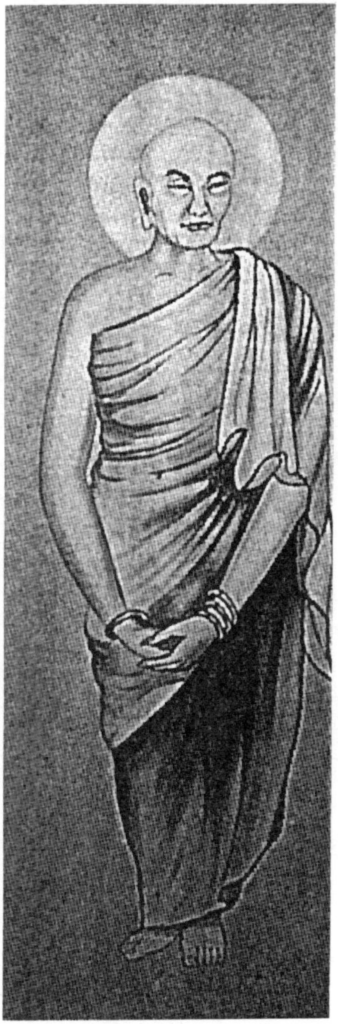

舍利弗尊者

大迦葉尊者

阿難尊者

《異部宗輪論》的作者——世友（筏蘇密多羅）

《異部宗輪論》的譯者——玄奘大師

異部宗輪論導讀

導讀者簡介

高永霄，一九二四年出生於香港，原籍廣東省三水縣，在香港華仁書院畢業後，開始研究佛學。

一九六五年任三輪佛學星期班講師，繼任明珠佛史班及菩提佛學研究班講師直到現在。

歷任世界佛教友誼會港澳分區總會會長，以及多間佛學會董事及顧問，曾代表香港出席多屆世界佛教友誼大會及本港和國外之國際佛學會議。

著述方面有《佛學初探研究》、《五大菩薩本跡因緣》及研究佛教歷史之《中國、日本、及香港佛教源流》，佛學文章多發表於各地佛教雜誌及刊物。

編輯委員簡介

談錫永，法號無畏金剛（Dorje Jigdral），以筆名王亭之馳譽於世。廣東南海人，先世八旗士族。

童年隨長輩習東密，十二歲入道家西派之門，旋即對佛典產生濃厚興趣，至二十八歲時皈依西藏密宗，於三十八歲時，得寧瑪派金剛阿闍梨位。一九八六年由香港移居夏威夷，修習大圓滿四部加行法；一九九三年移居加拿大圖麟都（Toronto）。

早期佛學著述，收錄於張曼濤編《現代佛教學術叢刊》，近期著作多發表於《內明》雜誌及《慧炬》雜誌，並結集為《大中觀論集》。通俗佛學著述有《談佛談密》、《說觀世音與大悲咒》、《談西藏密宗占卜》、《細說輪迴》、《談佛家名相》、《談密宗名相》、《談佛家宗派》、《閒話密宗》等，由全佛文化事業有限公司結集為《談錫永作品集》。

於一九九二年，與唯識大師羅時憲居士倡議出版《佛家經論導讀叢書》，被推為主編，並負責《金剛經》、《四法寶鬘》、《楞伽經》及《密續部總建立廣釋》之導讀。

所譯經論，有《四法寶鬘》（龍青巴著）、《密續部總建立廣釋》（克主傑著）、《大圓滿心性休息》及《大圓滿心性休息三住三善導引菩提妙道》（龍青巴著）、《寶性論》（彌勒著，無著釋）等。且據敦珠法王傳授《大圓滿心髓修習明燈》，註疏《大圓滿禪定休息》。

於香港、夏威夷、紐約、圖麟都、溫哥華五地創立「密乘佛學會」，弘揚寧瑪派教法。

馮公夏，廣東人，生於一九〇三年。從何恭弟老師習中文，愛好中國文學，尤喜《易經》。與韋達哲士研究易卜精義。一九三七年皈依密宗上師榮增堪布，修密法。一九五六年往尼泊爾參加佛教大會，順道遊覽印度佛陀聖蹟，又訪問瑜伽大師施化難陀，返港後組織瑜伽學會，傳授瑜伽術，饒益後學。一九七三年再往印度訪問軍徒利瑜伽大師告比奇理士那，親聆其興起拙火經驗，嘆爲觀止。生平所學，宗教與科學並重，務求實證，排除臆測與盲信，近年擬由量子學說之研究，將形而下與形而上世界之隔膜突破，天人合一，印證佛學色空不異與不生不滅眞理。

羅時憲，一九一四年生，廣東順德人。畢業於中山大學中國語言文學系（一九三九）及研究院中國語言文學部（一九四二）。歷任中山大學及廣東國民大學講師、副教授、教授。先後主講大乘及小乘佛學、佛典翻譯文學等科目。

羅氏少從寶靜法師聽講，後皈依太虛大師，廣習天台、唯識、中觀之學。早年著作有《大乘掌中論略疏》、《唯識學之源流》、《唐五代之法難與中國佛教》。一九四九年抵香港，除教學外，更在香海蓮社、三輪佛學社、香港大學及中文大學等機構講授《隋唐佛學》、《成唯識論》、《解深密經》、《金剛經》、《因明入正理論》等，達數十年之久，對佛法在香港之流佈，貢獻極大。一九六二年，應金剛乘學會之邀，主編《佛經選要》。一九六五年，創立法相學會，出版《法相學會集刊》。

一九八四年移居加拿大，從此奔波於港、加兩地，弘揚法相般若。一九八九年創立安省法相學會，使唯識、法相之學說，遠播至北美。

除上所記早年著作外，另有《能斷金剛般若波羅蜜多經纂釋》、《成唯識論述記刪注》、《唯識方隅》、《瑜伽師地論纂釋》、《解深密經測疏節要》等，後結集爲《羅時憲先生全集》。一九九三年冬於香港逝世。

李潤生，原籍廣東中山，一九三六年在香港出生，在香港接受教育。先後畢業於葛量洪師範學院、珠海書院及新亞研究所。從事教育工作凡三十餘年，曾任葛量洪教育學院講師。對中國語言學、文學、佛家唯識學、因明學等都有研究。近作有東大圖書公司出版的《僧肇》（世界哲學家叢書之一）。歷年學術論著有《禪宗對教育的啓示》、《佛教的時代意義》、《佛家業論辨析》、《佛家邏輯的必然性與概然性》、《因明相違決定的批判》、《因明現量相違的探討》、《法稱因明三因說的探討》等，分別發表於各大專學報或佛學叢刊。此外亦曾爲香港中文大學報紙課程撰作《禪悟歷程》等專文，爲佛教月刊《法燈》撰寫《山齋絮語》的小品專欄。對佛教思想、教育、文藝有一定的貢獻。

《佛家經論導讀叢書》

集合十幾位佛教學者的傾力巨作
精選數十種佛家重要經論

《佛家經論導讀叢書》精選數十種佛家重要的經論，編成叢書出版，有系統地引導讀者來研讀佛家重要的經論，叢書種類包括：小乘、大乘，空宗、有宗，顯乘、密乘，規模非常可觀。

《佛家經論導讀叢書》中各書的編排順序，乃是依照由淺入深的閱讀程序而制定，能讓讀者循序而入佛陀智慧大海，不僅能對佛學發展的脈絡一目瞭然，亦能體會佛陀宣説一經的用意，以及菩薩演繹一經的用心所在。

叢書內容，除了詮釋及講解各個經論外，更重要的，還指出一經一論的主要思想，以及產生這種思想的背景；同時，交代其來龍去脈，深具啓發承先的作用。

本套叢書之編輯委員包括：羅時憲、馮公夏、李潤生、談錫永四位資深的佛教學者；而導讀作者則包括羅時憲、談錫永、高永霄、釋素聞、李潤生、王頌之、趙國森、劉萬然、黃家樹、羅錦堂、屈大成、釋如吉....等數十位優秀佛學研究者。

《佛家經論導讀叢書》是非常值得現代佛子們閱讀與收藏的重要典籍，以及修行不可或缺的參考指導叢書。

出版叢書內容：

二十種佛家重要經論的導讀書籍，共計二十六册。

(一)第一部：

書　　名	導讀者	出版日期
1.雜阿含經	黃家樹	已出版
2.異部宗輪論	高永霄	已出版

3.大乘成業論	王頌之	1998年12月
4.解深密經	趙國森	1998年12月
5.阿彌陀經	羅錦堂	1999年 1月
6.唯識三十頌	李潤生	1999年 1月
7.唯識二十論	李潤生	1999年 1月
8.小品般若經論對讀上册	羅時憲	1999年 2月
9.小品般若經論對讀下册	羅時憲	1999年 2月
10.金剛經	談錫永	1999年 2月
11.心經	羅時憲	1999年 2月

(二)第二部：

書　　名	導讀者	出版日期
12.中論上册	李潤生	1999年 3月
13.中論下册	李潤生	1999年 3月
14.楞伽經	談錫永	1999年 3月
15.法華經上册	釋素聞	1999年 4月
16.法華經下册	釋素聞	1999年 4月
17.十地經	劉萬然	1999年 4月
18.大般涅槃經上册	屈大成	1999年 5月
19.大般涅槃經下册	屈大成	1999年 5月
20.維摩詰經	談錫永	1999年 5月
21.菩提道次第略論	釋如吉	1999年 6月
22.密續部總建立廣釋	談錫永	1999年 6月
23.四法寶鬘	談錫永	1999年 6月
24.因明入正理論上册	李潤生	1999年 7月
25.因明入正理論下册	李潤生	1999年 7月

全佛文化事業有限公司　出版目錄

產品目錄	定價	備註
<密乘心要>　$1600/套		
殊勝的成佛之道-龍欽心隨導引	$250	
大圓滿之門-秋吉林巴新巖藏法	$350	
如是我聞-來自西藏法音	$320	
佛所行處-道果心印加持法	$180	
大手印教言-撼動空行心弦	$180	
密宗年鑑	$320	
<佛經修持法>		
佛經修持法（上冊）【修訂版】	$360	
佛經修持法（中冊）【修訂版】	$360	
佛經修持法（下冊）【修訂版】	$360	
<淨土修持法>		
淨土修持法1-蓮華藏淨土與極樂世界	$350	
淨土修持法2-諸佛的淨土	$390	
淨土修持法3-菩薩的淨土	$390	
<蓮花生大士全傳>　$1600/套		
第一部 蓮花王	$320	
第二部 師子吼聲	$320	
第三部 桑耶大師	$320	
第四部 廣大圓滿	$320	
第五部 無死虹身	$320	
蓮花生大士祈請文集	$280	
<高階禪觀講座>		
通明禪禪觀---迅疾開啓六通三明的禪法	$200	
十種遍一切處禪觀---使心量廣大週遍法界的禪法	$280	
四諦十六行禪觀---現觀四諦修證十六正行的禪法	$350	
大悲如幻三昧禪觀---大悲示現菩薩如幻	$380	

三三昧禪觀---證入空、無相、無願三解脫門的禪法	$260	
圓覺經二十五輪三昧禪觀---二十五種如來圓覺境界的禪法	$400	
<佛經講座系列>		
本源自性天真佛---永嘉證道歌心解	$260	
<佛菩薩經典系列> $2600/套		
1.阿彌陀佛經典	$350	
2.藥師佛.阿閦佛經典	$220	
3.普賢菩薩經典	$180	
4.文殊菩薩經典	$260	
5.觀音菩薩經典	$220	
6.地藏菩薩經典	$260	
7.彌勒菩薩經典.常啼菩薩經典	$250	
8.維摩詰菩薩經典	$250	
9.虛空藏菩薩經典	$350	
10.無盡意菩薩.無所有菩薩經典	$260	
<三昧禪法經典> $2400/套		
1.念佛三昧經典	$260	
2.般舟三昧經典	$220	
3.觀佛三昧海經典	$220	
4.如幻三昧經典	$250	
5.月燈三昧經典	$260	
6.寶如來三昧經典	$250	
7.如來智印三昧經典	$180	
8.法華三昧經典	$260	
9.坐禪三昧經典	$250	
10.修行道地經典	$250	
<佛法常行經典> $2400/套		
1.妙法蓮華經・無量義經	$260	
2.悲華經	$260	
3.大乘本生心地經・勝鬘經・如來藏經	$200	

4.小品般若波羅蜜經	$220	
5.金光明經・金光明最勝王經	$280	
6.楞伽經・入楞伽經	$360	
7.楞嚴經	$200	
8.解深密經・大乘密嚴經	$200	
9.大日經	$220	
10.金剛頂經・金剛頂瑜伽念誦經	$200	
<隨身佛典>(50開本・附盒裝)		
1.華嚴經(1～10冊)/套	$1600	
2.中阿含經(1～8冊)/套	$1200	
3.雜阿含經(1～8冊)/套	$1200	
4.增一阿含經(1～7冊)/套	$1050	
5.長阿含經(1～4冊)/套	$600	
<佛經修持法>隨身版 $1770/套		
1.如何修持佛經	$80	
2.如何修持般若心經	$80	
3.如何修持金剛經	$90	
4.如何修持六祖壇經	$80	
5.如何修持法華經	$110	
6.如何修持華嚴經	$110	
7.如何修持楞嚴經	$110	
8.如何修持圓覺經	$90	
9.如何修持阿彌陀經	$90	
10.如何修持藥師經	$90	
11.如何修持大悲心陀羅尼經	$90	
12.如何修持地藏經	$80	
13.如何修持觀無量壽經	$90	
14.如何修持無量壽經	$90	
15.如何修持阿閦佛國經	$80	
16.如何修持維摩詰經	$110	
17.如何修持大日經	$110	
18.如何修持觀普賢菩薩行法經	$110	

19.如何修持彌勒菩薩所問本願經	$80	
<談錫永作品>		
1.閒話密宗	$200	
2.西藏密宗占卜法(附占卜卡、骰子)	$450	
3.細說輪迴生死書(上)	$200	
4.細說輪迴生死書(下)	$200	
5.西藏密宗百問	$250	
6.觀世音與大悲咒	$220	
7.佛家名相	$220	
8.密宗名相	$220	
9.佛家宗派	$220	
10.佛家經論--見修法鬘	$180	
<佛家經論導讀叢書>		
1.雜阿含經導讀	$450	
2.異部宗輪論導讀	$240	
<寧瑪派叢書>		
1.寶性論新譯	$360	
2.大圓滿心性休息導引	$360	
3.九乘次第論集	$490	
4.大圓滿深慧心髓前行	$520	
5.敦珠新寶藏前行讚頌	$360	
<白話小說>		
1.阿彌陀佛大傳(上)-慈悲蓮華	$320	
2.阿彌陀佛大傳(中)-智慧寶海	$320	
3.阿彌陀佛大傳(下)-極樂世界	$320	
4.地藏菩薩大傳	$360	
<心靈活泉>		
1.慈心觀	$200	
2.拙火瑜伽	$280	
3.不動明王	$280	
蓮花之路---開創生命新境界	$65	
錄音帶系列--		

<西藏法音系列-錄音帶 >		
1.六字大明咒-蓮華寶鬘	$120	
2.百字明咒-清淨懺悔	$120	
3.綠度母心咒-大悲救度	$120	
4.文殊菩薩心咒-智慧如劍	$120	
5.財寶天王咒-財寶圓具	$120	
6.摧破金剛心咒-除障無礙	$120	
7-1.蓮花生大士心咒-廣大圓滿 (德澤仁波切誦)	$120	
7-2.蓮花生大士心咒-廣大圓滿	$120	
8-1～3 .蓮花生大士祈請文(一)～(三) (德澤仁波切誦)	$360	
<禪修系列-錄音帶>		
睡夢禪法-吉祥安睡.夢幻光明	$120	
放鬆禪法-壓力解除.光明三昧	$120	

全佛文化事業有限公司
Buddhall Publishing Co.
台北市信義路三段200號5樓
TEL:(02)2701-1057 2701-0945 FAX:(02)2702-4914
郵政劃撥帳號:19203747 全佛文化事業有限公司

佛家經論導讀叢書②

異部宗輪論導讀

導讀者／高永霄
發行人／黃瑩娟
執行編輯／蕭浩雲・林麗淑
出版者／全佛文化事業有限公司
台北市信義路3段200號5F
永久信箱／台北郵政26-341號信箱
電話／（02）27011057　傳眞／（02）27024914
郵政劃撥／19203747　全佛文化事業有限公司
E-mail／buddhall@ms7.hinet.net

行銷代理／紅螞蟻圖書有限公司
台北市內湖區文德路210巷30弄25號
電話／（02）27999490　傳眞／（02）27995284

初版／1998年11月
定價／新台幣240元（平裝）

國家圖書館出版品預行編目資料

異部宗輪論導讀／高永霄導讀.　--初版.　--臺
北市：全佛文化，1998［民87］
面；　　公分.--(佛家經論導讀叢書；2)
ISBN 957-8254-00-8（平裝）

1.論藏

222.6　　　　　　　　　　87013111